JN096079

未来の教育を創る教職教養指針

山﨑 準二・高野 和子【編集代表】

4

教育と社会

油布 佐和子【編著】

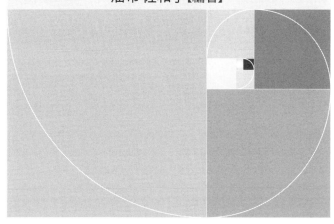

学文社

執筆者

油布佐和子	早稲田大学	［序　章］
坂田　仰	日本女子大学	［第 1 章］
越智　康詞	信州大学	［第 2 章］
西田　芳正	大阪府立大学	［第 3 章］
結城　惠	群馬大学	［第 4 章］
山本　由美	和光大学	［第 5 章］
木村　泰子	元大阪市立大空小学校	［第 6 章 1 節］
小国　喜弘	東京大学	［第 6 章 2 節］
樋田大二郎	青山学院大学	［第 7 章］
古賀　正義	中央大学	［第 8 章］
前川　喜平	現代教育行政研究会	［第 9 章］
岡本　智周	早稲田大学	［終　章］

〈執筆順〉

シリーズ刊行にあたって

　21 世紀の現在，国内外ともに，就学前教育から高等教育まで，また学校教育のみならず家庭や地域における教育までも巻き込んで，教育界はさまざまな「改革」が急速に進められてきている。教師教育（教師の養成・採用・研修）全般にわたる「改革」もまた，初等・中等教育の学習指導要領改訂に連動した教師教育の内容・方法・評価の「改革」として，また教師教育を担う大学・大学院の制度的組織的「改革」をも伴いつつ，急速に進められてきている。

　とりわけ近年，「実践的指導力の育成」というスローガンの下で，ともすると養成教育の内容と方法は，実務的・現場体験的なものに傾斜し，教職課程認定における行政指導も次第に細部にわたって強まってきている。さらに，「教員育成指標」「教職課程コアカリキュラム」の策定が行政主導で急速に進行しているが，教師教育の営みを画一化・閉鎖化しかねないと強い危惧の念を抱かざるを得ない。

　そのような教育全般および教師教育の「改革」状況のなかで，今回の新シリーズ「未来の教育を創る教職教養指針」を，主に大学等での養成教育における教職関連科目のテキストとして企画・刊行することにした。そして，以下のような 2 点をとくに意識し，現職教師の自主的主体的な研究活動も視野に入れて，本シリーズを，各巻編者も含めた私たちからの，教師教育カリキュラムの 1 つの提案としていきたい。

　①教育学や心理学という学問内容の体系性ではなく，あくまで教師教育という営みにおけるカリキュラムの体系性を提起することを直接的な目的としているが，過度に実践的実務的な内容とするのではなく，教師自身が教育という現象や実践を把握し，判断し，改善していくために必要不可欠とな

るであろう，教育学・心理学などがこれまでに蓄積してきた実践的・理論的研究成果（原理・原則・価値，理論・概念・知識など）を提起すること。

　同時に，即戦力育成を目的とした実務能力訓練としての「教員育成」ではなく，教育専門職者としての発達と力量形成を生涯にわたって遂げていくための教師教育を志向し，そのために必要不可欠な基盤づくりとしての養成教育カリキュラムの1つのあり方を提案するものでもあること。

②現在，教職課程認定行政のなかで「教職課程コアカリキュラム」が示され，すでにその枠組みの下で再課程認定が進められてきている。本シリーズは，本来，上記「コアカリ」という枠組みに対応するべく企画・編集されたものではないが，扱う内容領域としては，上記「コアカリ」の内容にも十分に対応し，さらにはそれを越える必要な学習を修めることができるものを構築すること。

　ただし，「教職課程コアカリキュラム」との関係については，本シリーズの各巻・各章を"素材"として各授業担当者の判断・構想によるべきものであるので「対応表」的なものを示してはいない。なぜなら，「コアカリ」の○○番目に該当する□□章△△節を扱ったから同項目内容の学習は済んだという思考に陥ったとき，教師教育の担当者は自らの教師教育実践を研究的に省察の対象とすることを放棄してしまうことになるのではないか。さらには，そのような教師教育からは社会の変化が求めている自主的主体的な研究活動に立脚した"学び続ける"教師は育ちえず，たとえ育っているようにみえてもそこでの教育実践研究は既存の枠組みのなかでのテクニカルなものに限定されがちになってしまうではないかと代表編者は考えているからである。

　最後に，本シリーズ名とした「未来の教育を創る教職教養指針」のうちの「教職教養指針」という用語について，説明しておきたい。同用語は，19世紀プロイセン・ドイツにおいて最初に教師養成所（Lehrerseminar）を創設し，自らその校長として教師教育の発展に尽力するとともに，以後の教育学・教科教育学および教師教育学などの理論的構築にも寄与したディースターヴェーク（Diesterweg,F. A. W., 1790-1866）の主著『ドイツの教師に寄せる教職教養指針

(Wegweiser zur Bildung für Deutsche Lehrer)』（初版 1835 年）から採ったもので
ある。正確に述べておくならば，今日的な直訳は「ドイツの教師に寄せる陶冶
のための指針」であるが，日本におけるディースターヴェーク研究・西洋教育
史研究の泰斗・長尾十三二博士による訳語「教職教養指針」を使わせていただ
いた。ディースターヴェークの同上主著は，その後彼が没するまでに 4 版が刊
行され，次第に質量ともに充実したものとなっていったが，当時の教育学や心
理学，教科教育学やその基盤を成す人文社会科学・自然科学・芸術など各学問
分野の第一級の研究者を結集して創り上げていった「ドイツの教師（それは，
近代的専門職としての確立を意味する呼称である Lehrer ＝教師：現職教師および教
師志望学生たちも含める）」に寄せる「教職教養指針」なのである。同書では
「教師に関する授業のための諸規則」も詳述されているが，その最後の箇所で，
それらの諸規則を真に認識するためには行為（実践）が必要であること，「最
も正しい根本諸原理を自分の頭で考えて理解し応用すること」によってはじめ
て状況に対応した教育的な機転・判断能力が育成されるのだと強調されている。
本テキスト・シリーズも，そういう性格・位置づけのものとして受け止め，活
用していただきたいと願っている。

　本シリーズがディースターヴェークの同上主著と同等のものであるというの
はあまりに口幅ったい物言いであるといえようが，しかし少なくとも本シリー
ズ企画への思いは彼の同上主著への思いと同様である／ありたい。そういう意
味では本シリーズは「現代日本の教師（研究を基盤にすえた高度な専門職をめざ
し日々研鑽と修養に励む現職教師および教師志望学生たち）に寄せる教職教養指
針」である／ありたいのである。

　本シリーズが，大学のみならず教育実践現場や教育行政において教師教育と
いう営みに携わる教育関係者，教職課程を履修する学生，さらには教育という
営為・現象に関心を寄せる多くの方々にも，広く読まれ，活用され，そして議
論の素材とされることを願っている。

　2018 年 10 月

シリーズ編集代表　山﨑　準二・高野　和子

目　　次

教育と社会の新たな状況と課題

　本書は，教職課程を受講する学生を対象に編纂されたシリーズ『未来の教育を創る教職教養』の一巻として刊行される。2017 年，教育職員免許法施行規則に規定する教職課程の科目ごとに，共通に履修すべき内容が，教職課程コアカリキュラムとして公表された。本巻は，その「教育の基礎的理解」の領域における，「教育に関する社会的，制度的または経営的事項」での「学校と地域との連携及び学校安全への対応を含む」に該当する。

　「学校と地域との連携」という内容は，中央教育審議会（以下，中教審）答申「新しい時代の教育や地方創生の実現に向けた学校と地域の連携・協働の在り方と今後の推進方策について」（2015 年，186 号）に明示され，すでに 2004 年に制度化された学校運営協議会を中心にしたコミュニティ・スクール構想として各地で展開されている。この取り組みについては，各地の実践事例だけでなく，企業による教育プログラムもウェブサイトで紹介されており[1]，「学校と地域でつくる学びの未来」というタイトルのとおり，文部科学省（以下，文科省）が現在最も力を入れている政策の 1 つともなっている。

　教職課程へのこのような期待を視野に入れれば，本巻も，「地域と学校の連携」を中心に取り上げるのが適切なのかもしれない。しかしながら，事はそう単純ではない。

　まず，「地域」とは何かという問題がある。「地域」という用語が従来さしていた「村落共同体」や，あるいは「町内づきあい」にみられる「町内」はとうの昔に消えている。「校区」をこれに代わって置き換えるにしても，東京のような大都市における私立学校への通学や，今世紀初頭より始まった学校選択制を考慮に入れると，この「学校と地域の連携」「コミュニティ・スクール」は，

果たしてどのような実態をふまえ，どのような完成像を視野に入れているのか，その具体像が曖昧だ。つぎに，「連携」も一旦立ち止まって考えると，いろいろと課題が出てくる。連携の過剰な強調にも気をつける必要があるからだ。よいと思われるものであっても，それを全面的に推し進めていくと，そこにはある意味での画一化が進行し，異質なものを尊重する態度や多様性から生まれるダイナミズムを看過することになりかねない。地域と学校が一体化した価値で子どもの教育に向かうのは，その「連携」の内容次第では，子どもにとって＜どこにも逃げ場がない＞という状況をつくり出すことにもつながる。

　何よりも，地域＝社会ではない。教育を語るとき，誰の耳にも心地よく響く言葉がある。「学校と地域の連携」もその1つであり，あまり厳密な定義をせずに使われ，ポジティブなイメージを喚起する。しかしながら，それは「見たいものしか見ない」議論，「その背後に別の目的が隠されている」議論あるいは，課題を焦点化することにより「矮小化した視点を提供する」議論を招く危険性をはらんでいる。

　そこで本巻では，教育と社会について検討するにあたって，「学校と地域の連携」を所与のものとせず，また中心的なトピックともせず，まずは現代社会のあり様と教育との関係をどう捉えるかというところから出発したいと思う。

1 教育の二面性と二重性

　教育と社会を考えるうえで，基礎となるのは社会化（socialization）という概念である。生れたばかりの子どもは，A. ポルトマン[2]が指摘するように，自分ではほとんど何もすることができない。先立つ世代からの多様な働きかけを受けることで子どもははじめて，その社会で生きていけるようになる。子どもをその社会の一員として育て上げること，これが社会化の1つの側面であるとすれば，もう1つの側面は，そのようにして育った子どもたちが大人となって互いに結びつき社会を形成していくことにある。社会化はこのような2つの側面をもっており，両者は不可分である。また，個人の側からみると，こうした働きかけや活動は，受動的であると同時に能動的であり，社会化にはこうした

二重性が含意されている。

　ところで，大人からの意図的・組織的・計画的な働きかけは，狭義の社会化であり，それを「教育」という。

　したがって「教育と社会」というとき，「と」は「and」のような並立的な関係ではないことをまずは確認しておきたい。教育は社会の一機能であり，そこに内包されている。したがって，教育（＝狭義の社会化）の形態やそこでなされる行為は，時代や社会によって異なり，強く時代の特徴を刻印される。同時に，その文化や制度にとどまることなく，次の社会を形成する理念や期待が胚胎されていることも忘れてはならない。

2　近代公教育の誕生と揺らぎ

（1）公教育の誕生と発展

　現在の教育を社会的・時代的に特徴づけるもの，それは公教育制度である。「学校」（school）の語源はギリシア語であるスコレーにあるとか，日本では大宝律令のころから学校が存在しているといった情報から，学校は，古くから存在すると思われている。また，明治初期の日本の識字率[3]が，欧米諸国に比べて非常に高い水準にあった理由として，「庶民の学校」としての寺子屋の普及をあげることもある。たしかに，これらが教育機関であることにはちがいないが，それと，学制の発布とともに始まる「公教育＝義務教育」とはまったく異なっている。

　かつて存在していた学校は，多くが，特定の身分階層や職業集団にのみ開かれており，特権的に利用されるものであった。

　しかしながら，西欧に起源をもつ「公教育」制度は，それまでの学校とは本質的に異なる。それは，西欧で，民主主義（属性にかかわらず誰にでも教育の機会が開かれている）や新たに勃興した資本主義的経済（優秀な労働者を獲得する）からの要請といった，何百年もかかる長い道のりを経て，19 世紀の近代国家の成立とともにやっと誕生した比較的新しい制度である。それは，一定の年齢になれば，属性にかかわらず誰でもが教育を受ける義務教育制度として始まった。

日本においては，民主主義も資本主義もその形さえない時代に，学制の発布（明治5年）という明治政府による「上」からの改革として，これが成立した。近代の西欧諸国と肩を並べるために，明治政府は「近代国家日本」を早急に建設せねばならず，そのための制度として公教育が期待されたのである。したがって，そこでは，国民の育成・国民意識の高揚や，「立身出世」という言葉に現れるように，近代国家の官吏養成などが，中心的な目的となっていた。その後，明治期後半からの工業化・産業化の展開によって新たな職種が登場するにつれ，学校は，産業界の人材養成としての役割も期待されるようになる。右肩上がりに発展する経済成長のなかで，教育を通じて，よりよい地位へと社会的上昇移動が可視化されたことにより，人々も，学校へ通うことの積極的意義を見いだすようになった。「学歴」「資格」が人々の社会移動（＝上昇移動）を保証するとともに，学校は，発展する社会に必要な有能な人材を育て，かつ，かれらを「選抜」し「配分」するために機能する役割を担ったのである。

　近代公教育を生み出した今一つの理念である＜民主主義＞については，戦後教育改革を待たねばならなかった。戦後教育改革において，義務教育年限も中学校まで延び，女子にも広くこの権利が与えられ，教育機会の平等がより徹底化された。そして，こうした義務教育の制度整備をもとに，高校や大学への進学率も飛躍的に発展した。

　近代の幕開けとともに，近代を特徴づけるものとして，また近代国家の発展，産業界の発展，教育機会の平等といった理念を具現化するものとして近代公教育制度は，このように整備されてきたのである。

（2）教育と学校の揺らぎ

　しかしながら，西欧諸国へのキャッチアップ型教育は，1970年代以降，途端に迷走を始めたように思われる。もちろんここにはキャッチアップという目的が一応は達成され，世界でも類を見ない豊かな社会をつくり上げたことも影響しているだろうが，そのほかにもいくつかの原因がある。

　第一に，教育機会が平等に担保され社会の平等化に寄与するという，教育に

託された民主主義理念の実効性に疑義が生じたことがあげられる。高校や大学への進学率の上昇からは，一見すると「教育機会の平等」が達成されたかのように思われる。しかしながら，その制度をどのように利用できるかという点で，また，大衆化した教育が果たす役割という点で，理念とは異なる事実が次第に明らかになってきた。すなわち，有名大学や私立中高一貫校への進学にみるように，家庭の社会的・経済的な背景が進学に深く影響を及ぼしており，「戦後日本社会は大きく変動したが『いつの時代にも教育格差がある』」（松岡2019[4]）ことが確認された。教育「格差」の拡大は，今や誰の目にも明らかになっている。

　P. ブルデュの文化的再生産理論[5]や，B. バーンスティンの言語社会化論[6]の業績からも，文化や言語といった家庭背景のちがいが学校での成功・失敗に影響し，ひいては既存の社会的不平等を再生産する場になっていることが示されている。さらにそればかりではない。前近代的な特権集団をもたないアメリカでは，学校教育が能力主義イデオロギーを通じて社会的な不平等を正当化し，学校での活動や生活が，不平等な社会における態度や行動の予期的社会化の機能を果たしていることが明らかにされた[7]。いずれの知見も，教育機会を通じての社会の不平等の解消という民主主義的理念が実現していないばかりか，むしろ学校がその再生産に寄与することを指摘するものであった。

　現在の教育制度が公平さに欠けるならば，「学校に行くこと」が望ましい価値だという意識の自明性も失われる。高校への進学率が飽和状況に近づいた1970年代後半，学校では，学校や教師への反抗が始まった。教育現場では，これを，児童・生徒の規律・規範意識の欠如の問題として捉え，校則や体罰で厳しく対応したが，その結果は，学校に行かない／学校に行けない「不登校」の生徒の拡大を招くことになった。問題は，子どもの規範意識の欠如や規律の乱れではなく，学校神話が次第に崩れていったことと関連していたのではなかったか。未来が開けていると思えばこそ，むずかしい勉強や根拠不明な諸活動も耐えることができるが，学校が切り開く将来の展望がみえなければ，「学校に背を向ける」生徒が増えるのも無理はない。しかしながら社会的視点に欠

けた教育現場では，一貫して，いかに子どもの居場所をつくるとか，モチベーションを上げるといった，子どもを適応させ，操作することに懸命になっている。

つぎに，学校をとりまく環境，とくに産業界が大きく変わったことも重要である。

安定した，給与の高い，福利厚生のしっかりした企業への就職につながることが，学校神話を支えていた。しかしながらバブル経済崩壊後の1990年代半ばから今世紀初頭にかけて，企業への採用が落ち込み，いわゆる「就職氷河期」が訪れた。また同時期，経済界は，日本の経済成長の基盤であった年功序列式給与体系・終身雇用に特徴づけられる「日本的経営」を大きく転換する方針を示した。たとえば1995年には日経連が「新時代の『日本的経営』─挑戦すべき方向とその具体策」を発表し，労働者を「長期蓄積能力活用型グループ」「高度専門能力活用型グループ」「雇用柔軟型グループ」という3つのグループに分け，有期雇用の労働者グループを明確化することにより，労働力の弾力化・流動化を進める方針を示している。産業界によるこうした方針転換の後，日本社会では次第に非正規雇用が拡大している[8]。

「キャリア教育」の充実が求められるようになったのはこのころである。中教審答申「初等中等教育と高等教育との接続の改善について」(1999年)で，「職業観・勤労観の育成が不可欠な『時代』を迎えた」ことを理由に小学校から発達段階に応じて，職業的発達に関する指導が必要であるとされ，その後も，文部科学大臣，厚生労働大臣，経済産業大臣，経済財政政策担当大臣の関係4閣僚による「若者自立・挑戦戦略会議」が，「若者自立・挑戦プラン」(2003年)を発表するに至っている[9]。安定的な雇用に契約できるのが一部にすぎないという実態を知れば，早い時期に若者が競争から降りるのは当然であろう。しかしながらここでも，産業構造の変化ではなく生徒・若者の職業観・勤労観に問題があるとすり替えられている。

公教育は近代の幕開けとともに生まれたが，民主主義的理念においてはいまだ十分にその目的を果たしておらず，いっぽうで，学校をとりまく社会状況は公教育成立時と大きく変わっている。ある社会状況のなかで誕生した制度と現

実の間での乖離が，ほぼ150年を経過して進んでいる。教育現場では，旧態依然とした制度の維持に奮闘を強いられているが，"今"という時代が，教育と社会の関係を新たな段階へと歩を進める時期にあることは一目瞭然であろう。

3 グローバリゼーションと＜近代＞の終焉

（1）グローバリゼーションと「近代」の終わり

近代に誕生した公教育に揺らぎをもたらす現代社会の大きな変化は，「資本主義の新たな段階」の到来と密接に関連している。

市場の存在を前提とする資本主義経済は，需要と供給の間で常に恐慌の不安にさらされてきた。しかしながら近年，メディアによって，人々の社会的欲望を限りなく刺激しつづけることを通じてその危機を回避することが可能になった。

「社会的欲望」という概念によって，この仕組みは説明される。生理的な欲求とは異なって，社会的欲望は，モデルに媒介されることによって生まれる（R. ジラール）[10]。人々は，メディアが提供するモデルを媒介に，模倣に向かいつづける。身分社会の「分相応」というような歯止めも外れ，平準化した近代社会では，すべての人がモデル＝ライバルの関係として存在するため，社会的欲望には際限がない。「消費」はすでに飽和状況に至っているにもかかわらず，飽くことのない社会的欲望によって，需要が喚起されつづけ，その結果，恐慌をおそれないシステムが生まれたのである[11]。

同時に，熾烈な競争を強いられる企業は，安価な労働力と資源，そして市場を求めて，多国籍化し，市場を世界規模化し，経済活動の支障となるさまざまな規制の緩和を要求するようになる。経済活動のグローバル化が本格的に到来したのである。1990年代半ばの，日本的経営の転換は，こうした状況のなかで，コストをできるだけ押さえ，グローバルな競争に勝ち抜こうとした施策であったといえる。

ところでグローバリゼーションという用語は，多元的な社会への変動あるいはそれに関するイデオロギーをさしてはいるものの，何か共通の了解があるわ

けではなく（伊豫谷　2002[12]，H. ローダー他　2012[13]），定義も多様であり，「グローバル化を巡る評価も，課題解決の構想も，それぞれ身を置く立場によって異なって」いる（広田　2016, 20頁[14]）といわれる。しかしながらグローバリゼーションが，人，モノ，金，情報が国境を越えて行きかう現象をさすことに異論をはさむ人はいないであろうし，経済的活動を原点にしていることは疑う余地がない。

　このとき，グローバリゼーションは，世界を1つの市場に変えていく趨勢であり，それは「国民国家という自明の境界を壊す動き」（同上：22頁）に他ならない。したがってまたこのような認識に従えば，それこそ，国民国家を基礎として成立し，そして公教育を産んだ「近代」とは明らかに異なった時代的局面が誕生していることを顕著に物語ることの証左といえる。

（2）答申に示された日本の近未来

　大きく様変わりし，またその変化が急激である社会状況とその行方を，中教審答申や学習指導要領では「予測不能の社会」とし，それに備えることの重要性を述べており，さらにそれをsociety5.0の実現に向けた取り組みによって乗り越えることを示している。

　Society5.0とは，狩猟社会，農耕社会，工業社会，情報社会に続く，AI（人工知能）の活用による新たな経済社会をさす。AI技術のイノベーションを中心に，「サイバー空間とフィジカル空間を融合させること」により，「経済的発展と社会的課題の解決を両立」することを可能にした新たな時代の社会状況がsociety5.0であり，こうした社会を実現すべく，産業だけではなく社会全体の改革がめざされる[15]。

　今世紀に入ってからの日本の教育改革においては，政治主導が顕著になっている。中教審の議論や文科省の施策は，首相の私的諮問機関である教育再生会議[16]や，さらには自民党内の教育再生実行委員会などの提言をほとんど受け入れる形で展開してきた。また2000年の中央省庁の改編に伴い，各省庁の枠を超えた業務を行うために設置された内閣府の存在が次第に強大になっており，

前述した society5.0 という未来構想も，内閣府におかれた総合技術・イノベーション会議で提案されたものである。

　社会の変化が「予測不能」ならば，本来それに対応するのは困難である。しかしながらそれにもかかわらず，AI 技術開発への基本的信頼のもとに，それがあらゆる問題を解決するとの青写真が描かれている点で，society5.0 には何かの／誰かの意思が反映されていると考えるのが当然であろう。そこでは，society5.0 が産学官をあげて取り組む国家的意思の壮大なプロジェクトと認識され，強調されている点に注目したい。そして，内閣府・総務省・文科省・経産省といった各省庁および産業界，さらには AI などの開発に積極的な学界が密接に連携してめざすこのプロジェクトの目的は，競争の激化する「新たな資本主義」の段階におけるグローバルな競争に勝ち抜くことに他ならない。

　グローバリゼーションが資本主義の新たな段階の別名であると考えれば，ここで構想されているのは，国家を上げて経済的発展に貢献することであり，教育をその一機能と位置づけているのである。

4 現代社会の教育—新自由主義的な教育改革の下で何が起こっているか

　グローバリゼーション，すなわち資本主義の新たな段階は，新自由主義的イデオロギーと歩を一にしている。これがどのような形をとって現れているのかみておこう。

（1）教育の市場化

　ネオリベラリズムのイデオロギーは，自由競争を経済以外の場にも徹底させていくことに特徴をもち，市場，競争，規制緩和をキーとして，経済界だけではなく，公共政策，教育・福祉政策等あらゆる領域に影響を及ぼす。国は，「小さな政府」への転換をめざし，それまで人々の生活を支えてきた基本的な領域をカットし，あるいはアウトソーシングする。また，投資に見合ったアウトプットが産出されたかを，評価と説明責任を通じて公表するようになる。

　教育領域の市場化は，アメリカやイギリスでとくに顕著に見受けられる。た

とえばアメリカでは，政府が資金を支出し運営は民間に任せる仕組みのチャータースクールが 1990 年代よりつくられはじめた。これは，個人に「選択肢」を与えることによって学校を「競争」させ，それによって学校の質を改善させようとする狙いをもっており，公教育制度に挑戦するものあった。現在では，これが公立の学校に匹敵するほどの量的拡大が進んでいるとの報告もある。しかしながらチャータースクールは，資金難やずさんな経営から閉校に追い込まれるケースもあり，また，シカゴやデトロイトからの報告に顕著なように，マイノリティの多く居住する地域でのスクールクロージングが増加しているなど，機会の平等を原則とした公教育の仕組みの急激な退化が示されている[17]。

　同様にイギリスにおいては，中等教育レベルで民間団体によるアカデミー設立の学校が大きな割合を占めるようになったこと，リーグテーブルの公表や Ofsted の視察によるアカウンタビリティ政策が強まり，学校が過度な競争のなかにおかれてしまっていることが報告されている。

　さて，日本では，教育改革は今世紀になって一気に加速した。英米のように，公教育が破壊的になるほどのインパクトは生じてはいないが，すでに学校評価・教員評価，そして教員評価をもとにした＜メリハリのある給与体系＞も導入されており，評価とアカウンタビリティは日常に深く入り込んでいる。また，教育機会確保法（義務教育の段階における普通教育に相当する教育の機会の確保等に関する法律　2016）では，夜間中学のように，近代公教育の成立過程において長く排除されてきた人々に教育の機会均等の保障を明確化することが示される一方で，政府に統制された画一化された公立学校ではなくフリースクールなどでの学びも普通教育として認める提言も合わせて組み込まれている。後者には，日本の公教育を支えてきた一条校主義からの転換の契機をみることができる。公設民営学校にしても，まだ英米のように公立学校を凌駕する勢いはないが，今後これが従来の一条校主義をどのように変容させていくのか，注目すべき事案となっている。

　また日本では従来，教科書や副読本，教材，テストなどをめぐって，これまでにも教育関連産業が教育の指導場面に深く入り込んでいたが，さらにそれを

加速化する動きが進んでいる。中教審答申では[18]，文科省が経産省と連携して進めている GIGA スクール構想が明確に政策課題に位置づけられた。この構想に従って，「未来の教室」として経産省が進める EdTech や，各企業が開発した e-learning の素材などが，コロナ禍の下での需要や文科省「個別最適化した学習」の追い風を受けて学校への導入を全国的に進めている。学校の「聖域性」が次第に薄れ，塾と協働して教育の改善に乗り出したり[19]，教育産業によって作成された教材や教具を積極的に導入したりすることが当たり前になりつつある。

　日本の中央集権的・画一的公教育制度からの規制緩和は，どのような未来を切り開くのだろうか。

（2）新たな能力と＜人材＞の養成

　学校での学びの目的が，グローバリゼーションのなかで求められる＜人材＞の育成に焦点づけられる状況が生まれている。

　背景には，産業界から求められる人材像の変化がある。近代が始まったころの社会では，フォーディズムと呼ばれる大量生産を典型とする産業界に必要とされる人材，すなわち，工場のラインで，忍耐強く，正確な技術をもった労働力を提供することが求められた。したがって学校では努力や忍耐といった価値に基づき，また，知識をこつこつと習得する学びが重視された。資本主義の新たな段階では，飽和状態になっている消費に対して，新たな需要を喚起するために，ニッチな領域を発見したり，思いもかけぬところにビジネスチャンスを見いだしたりする必要が生まれ，それに対応した人が求められるようになっている。学校はますます「経済的繁栄に満ちた世界の人々にビジネスチャンスをもたらす」ツールとなっているのである。

　忍耐強く努力することが至上とされた人間像から，主体的で創造的な人間像へと，期待される人間像が変化した結果，期待される能力観も変化している。1980 年代にはこれを反映するように「資質」「態度」に注目が集まり，「関心・意欲・態度」が学習指導要領・観点別評価項目に位置づけられた[20]。

そしてこのようななかで，認知的能力だけではなく，資質や態度といった個人のあらゆる側面が学校教育において測られる状況が常態化している。本田はこれを，能力主義の垂直的な序列化は個人を一元的に序列化するメカニズムとして機能し，格差と不平等を再生産し正当化するが，いっぽうで，水平的画一化によって，既存の価値や規範への同調を強いて異なる考え方感じ方をもつものを排除するように作用すると指摘している。ただし，この指摘が正しければ，主体的・創造的な人材を育成するという施策の下で，その主観的意図とは反対に，既存の仕組みを疑わずそれに従順である人々を育成するという皮肉な結果となろう。

（3）広がる＜ネオリベラル＞な意識

　改革のなかで，人々がこうしたネオリベラルのイデオロギーを＜空気を吸うように＞体現していくことは，より深刻な問題である。

　「望ましいものが残る」という市場の発想のもと，学校選択制に典型的にみられるように，教育は，店舗に並べられた商品と同様に，＜消費者＞に選ばれるものとなった。豊かな社会のなかで，人々は貢献価値よりも充足価値に重点をおくようになったことが以前から指摘されてきたが，教育も，自らの充足感を満たす手段として用いられるようになっている。

　さらに，競争的な環境が支配するなかで，「できない」ことは自己責任だという言説が広がる。貧困や差別といった社会問題に起因して教育機会を阻まれてきた人々が，社会には一定数存在する[21]。ところで競争的環境のなかで人々の視線は，出自や生育環境の不利益な状況を克服して社会的成功を収めた人の，並外れた努力や運，縁といった個別性のあり様を「本人の努力の結果である」と評価することにつなげて称賛する傾向にある。いっぽうで，こうしたルートに乗れなかった人々に対しては，自己責任の言葉が投げかけられる。競争の勝者が称賛され，競争に乗る条件をもたなかった人々への理解が薄れているのである。

　グローバリゼーションの時代は，経済的な格差が拡大し，セグリゲーション

も大きく進んでおり，自分とは異なる環境にいる人々の暮らしを想像したり，共感したりすることが困難になっている可能性が高い。ネオリベラルな趨勢のなかで個人が競争的環境におかれることで生まれる，消費者意識，自己責任論，測定される能力という価値・態度は，他者から切り離された個人化を加速させ，多様な属性をもった人々が相互に影響を及ぼしながら生活する社会の実感を，また互いが互いの伴奏者であるという感覚を消失させてしまうかもしれない。

（4）教育言説の問題

　さて，グローバリゼーションは資本主義の新たな段階と同義であるというこれまでの議論について，それは，グローバル化を矮小化した捉え方だという異論もあるかもしれない。前述したように，グローバリゼーションは多義的な内容をはらんで議論されているのも確かである。先に，教育の議論では「見たいものしか見ない」「その背後に別の目的が隠されている」「矮小化した視点を提供する」といった議論が横行していることを指摘したが，ここではその典型的な事例として教育におけるグローバリゼーションを取り上げよう。

　かつて，自己主張の激しい厄介な児童・生徒と認識された帰国子女への評価は大きく変わり，教育現場でのグローバル化への期待をみることができるようになった。

　しかしながら帰国子女のなかには，英語圏からの帰国ではなく，それ以外の，たとえばアジア圏からの帰国や，また海外の日本人学校にのみ通っただけの児童・生徒も含まれている。それにもかかわらず，あたかもほとんどが英語圏からの帰国のように取り扱われている実態がある。また，1990年代に出入国管理及び難民認定法の改定による日系人の受け入れ条件が緩和され，日系人やそのほかのニューカマーが増加したが，かれらはグローバル人材として扱われることがない。すなわち，グローバル人材というとき，英語圏に目が向いた，経済活動の牽引者となる人物だけに焦点が当てられているのである[22]。

　グローバル化が多様な意味をもつとしても，ここでは何の検討やリフレクションがないままに「矮小化した視点」が広がっている。「グローバル」とい

う用語を用いても，その意味や内容，定義・概念について緻密に検討されているわけではなく，一種の流行言説として扱い方われているのである。こうした表面的・一面的な受け止め方は，今に始まったことではなく，教育界の文化としても問題にされるべきであろう。

5 オルタナティブな選択—対抗戦略としての＜民主主義＞

近代という時代からの飛翔の時期にあたる現在，政府によって描かれた society5.0 という未来像に向けて非常に強力な力が作動している。そのなかで，教育は，グローバルな規模で展開される資本主義の新しい段階における熾烈な競争に対して，技術の革新や新たな市場の開拓とそれを可能にする人材の育成を最重要課題とする役割を負うように新たな役割を強固に担わされている。

しかしながら，資本主義の新たな段階に伴うグローバルな経済活動に伴って，さまざまな問題も国境を簡単に超えて顕在化していることを忘れてはならない。たとえば，環境破壊や気候変動はもちろんのこと，移民や難民の問題，その背後には，資源や市場をめぐる紛争などがある。こうした問題は，次の世代の生活や生命，社会の脅威であり，そうした問題を放置して，今の社会に生きる私たちが，次の世代に付けを払わせてはならない。グローバリゼーションは，経済活動に寄与するだけではなく，それに伴う負の部分をも合わせて考える必要がある。この意味で，グローバル人材とは，そうした広い視野で自分たちの地球をどう考えるかといった＜人類＞の課題に取り組む力をもった人材ということになる。

したがってまた，教育・学校と社会の新たな関係は，おおよそ以下のような青写真のなかで精緻化される必要があろう。

まず経済的グローバル人材の育成に代わる教育として，子どもたちを能力の測定競争に巻き込むのではなく，同じ地球上の市民として，富や喜びや成功を分かち合える＜共生＞の可能性を学ぶものでなくてはならない。そのために，科学技術の発展を無邪気に喜ぶのではなく，科学技術と社会の関係について，哲学的な思索も含めて，それらが，社会のなかでどのように＜人＞のために活

14

かされるのかという問いに答える学びを構想する必要がある。

　社会を知る学びは重要である。たとえば，「科学と科学的知識の利用に関する世界宣言」[23] では，21 世紀の科学について「知識のための科学：進歩のための知識」「平和のための科学」「開発のための科学」「社会における科学と社会のための科学」が柱として提示された。これは，科学や知識が今後どのようなものとして位置づけられねばならないかを示したものであり，たとえば「開発のための科学」の項では，単なる開発ではなく，持続可能性を視野に入れて，「経済，社会，文化，環境などの諸次元を統合しながら」それをめざす必要があることが述べられている。ブダペスト宣言のこうした提示は，今後の教育のあり方の 1 つのヒントになるだろう。知識蓄積型の学習から離れて，人々が共通に直面する課題に，知恵を出してチャレンジするような学習にならねばならない。

　また，学ぶ機会・制度の拡充や保証も検討する必要がある。生涯を通じて学び直す機会をつくることによって社会的・経済的背景からの格差による不利益を縮小したり，何度でもやり直すことを認められる社会・制度を創設することはその第一条件といえる。

　最初に述べたように，教育は，社会のなかにあって，それに拘束され，また社会の変動に組み込まれているが，同時に，多様な未来社会への萌芽を含みこんでいる。社会全体が，それ以外ないと思わされるような強大な力によってある方向へ押し出されようとしている“今”，果たしてその方向が適切なのかどうか，流されずに考える必要があろう。

　序章は，この巻の各章の論考を紹介する役割も負わされているが，そこから離れて「教育と社会」をめぐるマクロな問題状況を概観することに努めた。各章では，それぞれの領域の実態と課題を示している。これらの論考とこの序章を合わせて，近代と近代からの飛翔の間の時代にあって揺らぐ教育・学校の実態を，よりマクロな視点から捉えてほしい。また，この揺らぎの先に，どのような未来を，教育を通じて子どもたちに託すのか。教職に就く皆さんに，この点についても活発に議論してほしい。

未来はたった１つではないし，決まっているものでもない。これまでの先人の歩みをふまえ，実態を抑え，どのような価値を実現していきたいのか。そうした思いを多数の人が抱き，活発に論じ実践すること，そうしたプロセスのなかに，未来はあらわれてくるのだと思う。

注
1）文部科学省 https://manabi-mirai.mext.go.jp/index.html（2021年2月10日最終閲覧）。
2）A. ポルトマン（1961）『人間はどこまで動物か』岩波書店。
3）H. パッシン／国弘正雄訳（1969）『日本の近代化と教育』〈日本双書〉サイマル出版会。明治初期の識字率は，男子で40〜50％，女子で15％といわれている。
4）松岡亮二（2019）『教育格差』筑摩書房。
5）P. ブルデュ（2020）『ディスタンクシオン』〈ブルデュライブラリー〉藤原書店。
6）B. バーンスティン（1981）『言語社会化論』明治図書出版。
7）S. ボウルズ・H. ギンタス（1981）『アメリカ資本主義と学校教育』岩波書店。
8）ただし，女性の就業率が高まったこと，それが主としてパートであることから，この統計の見方には注意する必要がある。
9）文部科学省「中学校キャリア教育の手引き」https://www.mext.go.jp/a_menu/shotou/career/1306815.htm（2021年2月10日最終閲覧）。
10）R. ジラール／古田幸男訳（1971）『欲望の現象学』〈叢書・ウニベルシタス〉法政大学出版局。
11）本田由紀（2005）『多元化する「能力」と日本社会』NTT出版。
12）伊豫谷登士翁（2002）『グローバリゼーションとは何か』平凡社。
13）H. ローダー他（2012）『グローバル化・社会変動と教育』東京大学出版会，46頁。
14）広田照幸「社会変動と教育―グローバル化の中の選択」佐藤学他編『社会のなかの教育』〈岩波講座 教育 変革への展望2〉岩波書店。
15）内閣府「Society5.0実現に向けて」http://www.jates.or.jp/dcms_media/other/%E4%B9%85%E9%96%93%E5%92%8C%E7%94%9F%E6%B0%8F%E8%B3%87%E6%96%99.pdf（2021年3月3日最終閲覧）
16）安倍内閣時の諮問機関である。臨時教育審議会は法律で制定されているが，今世紀に入ってからの「教育改革国民会議」「教育再生会議」「教育再生懇談会」は，そのときの首相の私的諮問機関である。
17）鈴木大祐（2016）『崩壊するアメリカの公教育』岩波書店。
18）中央教育審議会（2021）「『令和の日本型学校教育』の構築を目指して〜全ての子供たちの可能性を引き出す，個別最適な学びと，協働的な学びの実現〜（答申）」。
19）佐賀県武雄市の事例。
20）本田は，「能力」による垂直方向の序列化のほかに，日本流新自由主義やナショナリズム・日本回帰と足並みをそろえた水平的画一化の強化がはかられている。本田由紀（2020）『教育は何を評価してきたのか』岩波書店。
21）本巻で取り上げている第3章「貧困」，第4章「ニューカマー」，第9章「夜間中学」などを参考にされたい。
22）恒吉僚子（2016）「教育における『グローバル人材』という問い」『教育 変革への展望7 グローバル時代の市民形成』岩波書店。
23）1999年ブダペスト会議。

第1章
学校という場所
―親密圏の限界と学校教育の法化現象―

「学校にいる間，教師は子どもの親代わりである」。昭和の時代，よく耳にした言説である。その背後には，教員と子どもの関係をある種の擬似的家族と捉え，学校という空間を"親密圏"として措定しようという発想が存在している。教員の言動はすべて子どものことを思っての「親心」から表出するもの，情愛がその根源にある。権利，義務といった法的思考を学校にもち込むことはその阻害要因になる。教職員はもとより，多くの保護者，地域住民が共有していた学校観といえるだろう。

だが，時代が昭和から平成に移るころ，この学校観が揺らぎはじめ，いくつもの教育紛争が司法の場へともち込まれることになる。そして，日本社会の価値観が多様化するなか，「学校が決めたことだから」とこれまでであれば受容されてきた指導が通用しなくなり，代わって，「指導の法的根拠はどこにあるのか」「保護者に決定権がある」「子どもの権利に配慮してほしい」といった反応が返ってくるようになっていった[1]。

価値観の異なるアクターの間では，「話せばきっとわかり合える」とは限らない。学校という空間を親密圏として措定することが仮に「あるべき姿」であったとしても，現実の学校経営，教育実践においてこの考え方は限界を迎え，学校，家庭，地域社会の"予定調和"から脱却し，保護者，地域住民と学校，教職員との意見の衝突を想定するという，ある種の突き放した見方が必要になっているのではないか。これが本章の問題関心である。

1 学校教育の法化現象

親密圏としての学校は，教職員と児童・生徒，保護者，そして地域住民の信

頼関係を基礎として構築される。学校と家庭，地域社会が子どもの最善の利益をめざして手を取り合って協力する，この「学校，家庭，地域社会の連携と調和」が学校教育の前提となっている。

　だが，このオプティミズム的な学校観は危機に瀕している。信頼関係を基礎とした学校観（信頼関係基底的学校観）が後退するなか，教育主体の調和が乱れはじめ，権利主張を基底とした学校観（権利基底的学校観）が台頭しているかに映る。これまで所与の前提になってきた，教育主体間のある種の"予定調和"から，教育主体相互の権利衝突への転換，学校教育の法化現象[2]の進行である。

　学校教育の法化現象は，信頼関係に根ざす従来型の学校経営，学級経営，生徒指導を機能不全へと追いやっていく。いじめ防止対策推進法の制定を受け，指導に対する法的統制が強化されている，いじめ問題への対応はまさにその典型といえる。

　クラスのなかでいじめが発生したと仮定してみよう。信頼関係基底的学校観に依拠すれば，多くの情報は，最も子どもに近い存在，信頼の対象である担任教員に集まってくる。そして，担任教員は，情報を吟味し，管理職や保護者とも情報を共有し，いじめているとされる子ども，いじめられているとされる子ども，双方のことを考慮して対応策を決める。こうして，信頼関係を基礎とする話し合いが繰り返され，ボトムアップ型の問題解決システムが機能することになる。

　だが，いじめ防止対策推進法の制定以降，異なった経過をたどるケースが増加している。いじめられた児童・生徒あるいはその保護者が，教育委員会や警察に直接被害を訴えるというパターンである[3]。教育委員会に対してはいじめ防止対策推進法に基づく対応を求め，警察に対しては刑法や少年法に基づく保護を求める。そして，自己の主張が容れられない場合，訴訟も辞さない。そこに，これまで学校と家庭の間を取り結んできた愛や情熱，信頼といった情緒的な関係性はみられない。代わって表出しているのは，子ども・保護者の権利保護，学校，教員の法的義務という関係性，権利基底的学校観に立った，学校

教育の法化現象である[4]。

　ただ，公教育の中心的存在である学校は，一貫して法的存在であることを見落としてはならない。たとえば，小中学校に代表される義務教育諸学校は，日本国憲法，教育基本法，学校教育法という法体系の下に制度化された存在である[5]。その意味において，学校と家庭の関係性は，本来的に法的なものであり，学校は法的存在である。この関係性は，教育基本法，学校教育法が制定されて以降，一貫して変わっていない。

　にもかかわらず，なぜ信頼関係基底的学校観が権利基底的学校観を圧倒してきたのか。それは，保護者，地域住民の価値観の共有にあったといえる。多くの保護者，地域住民にとって，法的存在としての学校，法的関係性はあくまでも「建前」にすぎず，「本音」の部分では，学校，教員は，子どもにとって親代わりであり，愛と情熱，信頼関係で結ばれる（結ばれるべき）ものであった。この価値観が，ある種の「鎧」として法的関係性，法的存在としての学校を覆う。そして，愛，情熱，信頼，親代わりといった情緒的な言説が学校という空間を満たし，権利基底的学校観は，信頼関係基底的学校観の半影へと追いやられていたとみることができる。

　教育訴訟という観点からみると，この点がより鮮明になる。昭和の時代，学校事故や体罰をめぐって，学校設置者[6]と保護者，児童・生徒が争う訴訟はさほど多くはなかった。それが，1980年代以降，学校教育の法化現象の進行とともに増加していくことになる[7][8]。とくに，国連において児童の権利に関する条約（Convention on the Rights of the Child）の起草が始まり，子どもの権利ブームが日本社会を席巻する1980年代半ば以降，この傾向が顕著になっていった[9]。

　そして，保護者，地域社会の信頼を背景にそれまで学校，教職員に与えられていた裁量は徐々に狭められていく。1970年代後半から1980年代初頭にかけてみられた広範で厳格な指導方法，学校生活のみならず生活一般についても個々に細かく指導する，いわゆる管理主義教育は批判の対象となり，代わって，子どもの意見表明権，児童・生徒の参加が強調されるようになっていたことは

周知の事実である[10]。そこに，愛や情熱，信頼といった情緒的な考えが介在する余地は乏しく，権利の主張とその保護に重点がおかれることにならざるを得ない。

2　体罰論にみる学校教育の法化現象

　この学校教育の法化現象の影響を強く受けた領域の１つが，体罰の分野である。改めて指摘するまでもなく，懲戒の手段としての体罰は，学校教育法によって明確に禁止されてきた。「校長及び教員は，教育上必要があると認めるときは，文部科学大臣の定めるところにより，児童，生徒及び学生に懲戒を加えることができる。ただし，体罰を加えることはできない」とする，学校教育法第11条の規定である[11]。

　だが，日本の学校現場においては，「許される体罰」が存在するはずというある種の確信が厳然と存在してきた。体罰事件が明るみに出るたびに，当事者である教員や学校設置者（教育委員会），ときには被害児童・生徒の保護者までもが，体罰は法的に許されないとしつつ，教員は「親代わりとして愛の鞭を振るった」「心の中で泣きながら，児童・生徒のためを思って体罰を振るった」と弁護する光景がみられる。このロジックを支えているのが，情緒的な関係性を基礎とする信頼関係基底的学校観であることは論をまたない。

（1）体罰裁判にみる「愛のムチ」論の興隆

　信頼関係基底的学校観が全盛であった昭和の時代，刑事手続において正義を貫徹すべき司法すらこの論理を採用することがあった。水戸五中事件控訴審判決[12]である。中学校の教員が平手と軽く握ったこぶしで生徒の頭部を数回殴打した行為の刑事責任が問われた事案において，判決は，「教師が生徒を励ましたり，注意したりする時に肩や背中などを軽くたたく程度の身体的接触（スキンシップ）による方法が相互の親近感ないしは一体感を醸成させる効果をもたらすのと同様に，生徒の好ましからざる行状についてたしなめたり，警告したり，叱責したりする時に，単なる身体的接触よりもやや強度の外的刺激（有

形力の行使）を生徒の身体に与えることが，注意事項のゆるがせにできない重大さを生徒に強く意識させるとともに，教師の生活指導における毅然たる姿勢・考え方ないしは教育的熱意を相手方に感得させることになって，教育上肝要な注意喚起行為ないしは覚醒行為として機能し，効果があることも明らかである」とし，「体罰の教育的効果」を肯定し，無罪とした。

　学校教育法は，一切の留保を付さず体罰を禁止している。だとするならば，仮に「教育的熱意」があったとしても，また「教育上肝要な注意喚起行為ないしは覚醒行為」であったとしても，体罰を用いるという教育手法が許されるはずはない。にもかかわらず，判決は「教育的熱意」などの情緒的フレーズを用いて「許される体罰」論に与した。それどころか，「教育作用をしてその本来の機能と効果を教育の場で十分に発揮させるためには，懲戒の方法・形態としては単なる口頭の説教のみにとどまることなく，そのような方法・形態の懲戒によるだけでは微温的に過ぎて感銘力に欠け，生徒に訴える力に乏しいと認められる時は，教師は必要に応じ生徒に対し一定の限度内で有形力を行使することも許されてよい場合がある」とする。そのうえで，体罰を一切否定することは，「教育内容はいたずらに硬直化し，血の通わない形式的なものに堕して，実効的な生きた教育活動が阻害され，ないしは不可能になる虞れがある」とまで踏み込んでいる。もちろん判決は，無条件で体罰を肯定しているわけではない。しかしながらその基本的枠組みは，先にみた信頼関係基底的学校観による権利基底的学校観のオーバーライドといっても過言ではないだろう。

　ただ，この司法の姿勢は，学校教育の法化現象のなかで大きく変化する。1990年代以降，「許される体罰」論に親和的な判決はほぼ完全に姿を消した。「戦後50年を経過するというのに，学校教育の現場において体罰が根絶されていないばかりか，教育の手段として体罰を加えることが一概に悪いとはいえないとか，あるいは，体罰を加えるからにはよほどの事情があったはずだというような積極，消極の体罰擁護論が，いわば国民の『本音』として聞かれることは憂うべきことである」とする判決[13]は，その象徴的存在である。信頼関係基底的学校観が権利基底的学校観をオーバーライドし，「許される体罰」論が

深く根を張る学校現場を批判したものといってよい[14]。

にもかかわらず，まだ，学校現場から体罰を完全に駆逐することはできていない。2012（平成 24）年に起きた大阪市立桜宮高等学校体罰自殺事件はそれを端的に示している。同事件の民事訴訟[15]において，判決は教員の行為を指弾する。判決が指摘するとおり，「体罰を加えることはできないと定め，一切の留保及び例外なく体罰を明確に禁止して」いるのであり，教員が行った生徒らに対する指導の過程における有形力の行使は，「すべからく，教育上の指導として法的に許容される範囲を逸脱したものとして，不法行為法上違法と評価される（暴行としての違法性を阻却されるものではない）ものというべき」である。

（2）体罰と懲戒処分

ただ，同事件を契機として，体罰に対する教育委員会などの対応に変化が生じ，懲戒処分が厳格に行われるようになっているとする見方がある。2011（平成 23）年度に体罰を理由として懲戒処分等（当事者）を受けた公立学校の教職員は 404 人であった。それが，2012（平成 24）年度には 2253 人，2013（平成 25）年度は 3953 人へと増加している。たしかに，同事件以降，懲戒処分の件数は増加しており，許される体罰論の終焉と捉えることができなくもない。

しかし，ここで注意を払う必要があるのは懲戒処分の内訳である。大阪市立桜宮高等学校体罰自殺事件が発生する前年度，2011（平成 23）年度は，地方公務員法上の懲戒処分（当事者）を受けた者は 126 人，その内訳は停職処分が 20 人，減給処分が 52 人，戒告処分が 54 人であった。他方，訓告等，地方公務員法上の懲戒処分の対象とならなかった者は 278 人である。それが，2012（平成 24）年度には懲戒処分者数が 176 人となり，内訳は免職処分を受けた者が 3 人，停職処分が 16 人，減給処分が 90 人，戒告処分が 67 人，2013（平成 25）年度は，懲戒処分者数が 410 人，内訳は停職処分 32 人，減給処分 178 人，戒告処分が 200 人となっている。また，訓告等は，2012（平成 24）年度が 2077 人，2013（平成 25）年度が 3543 人である。そして直近の 2018（平成 30）年度は 141 人，その内訳は停職処分 13 人，減給処分 73 人，戒告処分 55 人であり，

訓告等は437人となっている。

　体罰を理由に免職処分となる可能性はほぼ皆無である。それどころか，約半数が地方公務員法上の懲戒処分ではなく，訓告等いわゆる事実上の懲戒にとどまっている。これは，体罰と同様，学校教育の法化現象の進行とともに社会的批判が集まっている，「飲酒運転に係る懲戒処分等の状況」「わいせつ行為等に係る懲戒処分等の状況」と比較して，きわめて軽い[16]。この格差に"愛のムチ""許される体罰"など，信頼関係基底的学校観の残像を垣間見ることができるであろう。

3　学校事故の危機管理

（1）思考の転換

　学校事故に目を転じてみよう。近年，危機管理という観点から法化現象に注目が集まっている領域である。

　1990年代以降，学校事故にかかわる訴訟が増加するようになってきた。この傾向は2000年代に入り，さらに加速している。加えて損害賠償の請求額が高額化する傾向も顕著である[17]。その意味において，学校事故は法化現象が最も進展している領域といえ，学校現場は事故の防止に日々奮闘している。

　だが，事故は学校教育に内在するものであり，完全になくすことはできない。学校は成長発達段階の途上にある未成熟な子どもが多数集う空間である。時に大人の考えが及ばない行動に出る。それゆえ，子どもの動向をすべて予測し対策を講じることは困難である。

　ここに教育実践が加わる。図工・美術であれば彫刻刀，家庭科の授業では包丁や裁ちばさみを使用する。グラウンドでの行事や活動には熱中症の危険が付きまとう。だからといって，これら活動を行わないとしたならば，学校はたちまち機能不全に陥ることになる。それゆえ，学校現場が，子どもの生命・身体の安全を確保するために事故ゼロを「めざす」ことは当然としても，事故ゼロを「実現する」ことは不可能である。それゆえ，学校事故の危機管理は，子どもの安全確保を前提としつつ，効果的な教育実践のためにどこまでのリスクを

容認すべきかという手法が不可欠となる。

　では，ここに学校教育の法化現象が浸透してくると，どのような構図になるのだろうか。これまで指摘してきたように，信頼関係基底的学校観は，学校という場所を子どもの成長・発達に資するという視点，教育的価値を重視する。これに対し，権利基底的学校観は，徹底的な子どもの安全確保と事故発生時の責任追及の視点からこれをみようとする。問題は，日本社会にその一貫性が確保されていないこと，具体的には，日常の危機管理において事故発生前は信頼関係基底的学校観が優勢を占め，事故発生後は権利基底的学校観が突出するという，"思考の転換" が生じていることである。

（2）教育実践に基づくリスク評価

　事故が発生する前，日常の危機管理においては，保護者，地域住民は，もっぱら子どもの教育という視点から考える。たとえば，体育の授業で鉄棒から落下したり，ボールが当たったり，ほかの教科と比較して事故発生の可能性が大きいことは誰もが知っている。しかし，だからといって，体育の授業をすべて中止せよという議論は生じない[18]。事故の危険性をある程度受容し，「健康，安全で幸福な生活のために必要な習慣を養うとともに，運動を通じて体力を養い，心身の調和的発達を図る」という学校教育法第 21 条 1 項 8 号の目標を，子どもの安全を絶対的に確保することよりも優先した判断である。

　ただ，その基準は時代とともに変化していく。かつて運動会や体育祭などにおいて花形種目であった組み体操はその典型といえるだろう。

　周知のように，近年，組み体操についてはその事故の危険性が指摘され，学校現場から急速に姿を消している。しかし，事故の危険性は，遅くとも 1980 年代には認識可能な状況にあった。1983（昭和 58）年には群馬県下の小学校で死亡事故が発生し，1988（昭和 63）年には愛媛県下の小学校でやはり死亡事故が発生し，マスメディアを通じて社会に向けて発信されていた[19]。

　だが，このころ，その危険性ゆえに組み体操を中止しようという動きはほとんど現れなかった。教育課程の基準を定める学習指導要領のなかに，組み体操

に直接言及した記述が存在しないにもかかわらずである[20]。その背後に，「子どものために」という合い言葉，団結や一体感を生む，達成感を味わうことで子どもが成長するといった，情緒的な議論が存在したことは想像にかたくない。信頼関係基底的学校観が優勢であった時代，教育活動における事故防止はある種の「スローガン」にすぎなかったとみることができる。

　この状況に変化が生じはじめるのは学校教育の法化現象が進展する 1990 年代以降のことである。組み体操の危険性が司法の場で議論されるようになっていく。その嚆矢ともいえるのが，1990（平成 2）年に起きた高等学校ピラミッド崩壊事故の民事訴訟[21]である。

　八段組という大規模ピラミッドが崩壊し，最下段にいた生徒が頸椎骨折などの重傷を負った事案において，学校側は，「ピラミッドは，学校教育の一環としてされるのであるから，単なる安易な遊技に堕すべきものではなく，生徒の発達段階に応じた適度な修養，鍛錬を積むことが必要であり，また，ある程度の技量，成績の向上を目的とすることは教育的効果の点から要求されている」，「ピラミッドは，忍耐力，協調性，集中力を養う効果が大であり，体育大会において組体操を発表することは，児童や生徒の日ごろの体操の授業の成果を発表する場となり，学習の到達度を示すものとして学習意欲と到達の充実感を与える効果を持って」いるなど，従来同様，専ら教育的観点，効果に依拠し，その正当性を主張している。

　しかし，判決は，ピラミッドは参加者が多くなるに従って高さ・人数など下段の者らの負荷が大きくなること，小学校で最下段の児童が死亡する事故が発生していることなどに着目し，「高さ五メートルにも及ぶ八段のピラミッドは，体育大会の種目として採用し，実施するに当たっては，指導に当たる教諭ら及び学校長は，内在するこれらの危険性に十分に留意すべきであった」などとし，安全管理に関する過失を認めた[22]。学校側が，教育的視点を重視するあまり，リスクを過小評価し，教育効果と安全確保のバランスを誤ったという判断である。

　訴訟はマスメディアでも取り上げられ，組み体操事故について学校側の法的責任を司法の場で追及するという動きが加速していった[23]。その結果，組み

体操については，教育的効果を認めつつも，全面中止も含めてより安全確保を優先する方向にシフトしているといえる。しかし，これだけ大きな事故が発生し，その危険性が浸透した現在でさえ，一部において相変わらず，伝統や努力，達成感といった情緒的なフレーズが飛び交い，組み体操を継続して実施している学校が存在することに注意を払う必要がある。

（3）結果重視の責任追及

では，事故発生後はどうだろうか。残念ながら，一度事故が発生すると，教育的効果，伝統，努力といった観点は，保護者，地域住民によって，脇へと追いやられてしまう。代わって前面に出てくるのは，「誰が決めた（やらせた）」「指導に問題があった」などとする責任追及の声である。

学校教育の法化現象が進展するなか，責任の追及は，最終的に損害賠償や刑事罰という法的な責任の追及へと帰着していく。学校，教員との関係を契約と捉え，事故による被害は契約違反，権利侵害にあたるとする発想であり，権利基底的学校観の下では当然ともいえるだろう。

だがこの現実は，学校側にとってはきわめて酷である。先に指摘したとおり，事故が発生する前は，学校，保護者ともに教育効果に力点をおき，少なくとも建前としてはリスクを理解したうえでその教育実践を行ってきたはずである。しかも指導にあたっていた教員を含めて，学校側は子どもの安全を軽視する意図を有していたわけではない。信頼関係基底的学校観の下，すべて「子どものためを思い」「よかれと思って」行った結果といえる。

しかし，被害を受けた児童・生徒，その保護者は，自分が傷ついた，子どもが命を落としたという結果から事故を捉え，学校側の安全管理を法的視点から事後的に追及する。そこに，学校，教員が，子どものために何を考え，どれだけ「がんばった」かという教員の「思い」への配慮はほとんど存在しない。

司法の思考も同様である。学校事故裁判において問題とされるのは，被害の発生，すなわち被害者側の権利，利益の発生と，学校側の「過失」，両者の間の因果関係の有無に尽きる。教員がどれだけ「がんばった」かという主観的要

素に対しては，ここでもウエイトがおかれることはない。そして，時には教員の能力を超えるかに映る義務すら課されることがある。

（4）不可能を強いる？

その典型とみなされるのが，大川小学校津波被害訴訟控訴審判決[24]である。74名の児童（2名については遺体未確認）と10名の教職員が死亡した未曾有の事故について，周知のように23名の被害児童の遺族が総額22億円を超える損害賠償の支払いを求める訴訟を提起している。主たる争点は，地震発生前の組織的過失の有無（争点①）と，地震発生後の避難誘導にかかわる教員の過失の有無（争点②）であった。争点②については，想定外の大規模災害であったとしても，繰り返し指摘されているように，長時間校庭にとどまり避難開始が遅れるなど，過失の存在を肯定することができなくはない。

問題は，争点①，すなわち津波の到来可能性を考慮し，安全な三次避難場所をあらかじめ確定しておくことなど，避難体制を構築することが可能であったかという点である。一審判決[25]は，学校の設置者である市が作成したハザードマップにおいて津波浸水想定区域とされていなかったこと，逆に大川小学校が地域の避難場所に指定されていたことなどを考慮し，避難態勢の構築について過失があったとはいえないとした。だが，控訴審判決は，津波ハザードマップについて，学校側が独自の立場からその信頼性等について検討する義務を負っていたなどとし，争点①についても学校の過失を肯定したのである。

たしかに，ことは児童の生命にかかわる問題であり，リスクの評価は慎重に行われるべきだろう。だが学校は，地震学や気象学，土木工学などの専門的知見に基づき担当部署が作成したであろうハザードマップを信頼し，避難体制構築の前提としたものである。しかも学校には児童を危険に晒そうという意図はまったく存在しない。にもかかわらず，控訴審判決は，学校に対して「歴史・被災履歴や地形に係る地域住民の知見のうち，合理的な根拠を有するものとそうでないものとを選別」し，これを「疑う」ように求める。これは，結果的にハザードマップが誤りであったとはいえ，専門的知識に欠ける学校に不可能を

強いているかに映る。

　大川小学校の事故について，被害遺族に何らかの「補償」が必要なことは誰もが認めるところである。だが，控訴審判決の論理は，権利基底的学校観に基づきリスクゼロを実現しようとするものに他ならないのではないか。

4　地域住民の意識変化

　学校教育の法化現象は，地域住民の間にも浸透しはじめている。学校から聞こえてくる子どもの歓声は，かつては地域の平穏を象徴する光景であった。だが，価値観の多様化が進む現在，この光景が苦情の対象へと変化しつつある[26]。日常生活のなかで生じる騒音，異臭，振動，煤煙などによって生じる生活妨害（ニューサンス）が，学校にまで波及し，学校の施設・設備や教育実践が，万人に不可欠な存在から，迷惑施設，公害施設へと転化する流れである。

　その典型ともいえるのが，私立高等学校クーラー撤去訴訟である[27]。京都府下の私立学校が，隣接地に居住する住民から，使用しているエアコンの室外機から発せられる騒音が受忍限度を超えているとして，室外機の撤去と，過去および将来の騒音被害に対する慰謝料の支払いを求められた事案である。

　判決は，室外機の撤去については訴えを退けたものの，室外機から発せられる騒音は受忍限度を超えているとして，10万円の慰謝料を支払うことを命じている。その際，前提となったのが騒音規制法である。判決は，「人が社会の中で生活を営む以上，他の者が発する騒音に晒されることは避けられないのであるから，その騒音の侵入が違法というためには，被害の性質，程度，加害行為の公益性の有無，態様，回避可能性等を総合的に判断し，社会生活上，一般に受忍すべき限度を超えているといえることが必要である」とし，一般論としては「公益性」を考慮要素に含めるべきことを認める。しかし，学校が同法2条2項の「特定工場等」に該当するとし，規制基準を超える騒音を隣地に到達させたことが隣地居住者に対する不法行為に当たるとした。

　騒音や振動などによる生活妨害が，法律上保護される利益を侵害する可能性があることは，多くの先例の認めるところである[28]。これらニューサンス訴

訟においては、「受忍限度」という概念を用いて、違法性の判断を行うことが一般的となっている。具体的な判断としては、たとえば、工場などの操業に伴う騒音、粉じんによる被害に関して、「違法な権利侵害ないし利益侵害になるかどうかは、侵害行為の態様、侵害の程度、被侵害利益の性質と内容、当該工場等の所在地の地域環境、侵害行為の開始とその後の継続の経過及び状況、その間に採られた被害の防止に関する措置の有無及びその内容、効果等の諸般の事情を総合的に考察して、被害が一般社会生活上受忍すべき程度を超えるものかどうかによって決すべき」とされている[29]。

　この事案において学校の設置者は、室外機の音を低減するため、防音壁を設置するなどの工事を4回にわたって行っている[30]。にもかかわらず、判決は、原告住民の訴えを容れた。そこに、学校が有する公共性に対する配慮を見いだすことはできない。訴訟を提起した住民の権利、言い換えるならば学校を迷惑施設と見なすその価値観を重視した結果とみるべきであろう。

　ともあれ、ここで注意を払う必要があるのは、「学校は地域にとって不可欠な存在であり、誰にとっても良き存在である」とする価値観が地域住民の間で揺らぎはじめているという事実である。もはや学校は、かつてのように無条件の信頼が寄せられ、常に支持される存在ではあり得ない。にもかかわらず、現状を見誤っている教員が今も少なくない。たとえば、体育会系部活動の声出しである。多くの体育系部活動の指導者は、練習時に子どもが大きな声を出すことを、「好ましいこと」として捉えている。仮に近隣住民から苦情が寄せられたとしても、これでは真摯な対応がなされるはずがないだろう[31]。学校教育の法化現象が進展するなか、現在の学校は、法的視点を抜きにして語ることのできない存在といえる。

深い学びのための課題

1．学校教育の法化現象と教員の専門性をどう捉えるか、話し合ってみよう。
2．体罰に関する親代わり論、愛のムチ論について、話し合ってみよう。

注

1）一部の保護者は権利主張をより先鋭化させており，デパートで商品を購入するように，教育というサービスを購入していると考える保護者すら存在している。

2）本章においては，取り敢えず，学校教育の法化現象を，学校，教員との関係を，"愛"や"情熱""信頼"といった情緒的なものではなく，"権利・義務"の関係として，法というプリズムを通して考えようとする保護者，地域住民の台頭，増加と定義する。

3）なかには，弁護士同伴で記者会見を開き，マスコミを通じて社会に訴えかけるというパターンも散見される。

4）いじめ防止対策推進法のみならず，障害者差別解消法や個人情報保護法，個人情報保護条例等，権利基底的学校観を後押しする法令が相次いで制定，強化されている。前者であれば教育予算の配分に多大な影響を及ぼす合理的配慮の要求，後者であればプライバシー絶対主義に基づくクラス名簿や連絡網の廃止，削除請求等，学校教育の法化現象は確実に加速している。

5）日本国憲法第26条第2項は，保護者に対し，「法律の定めるところにより，その保護する子女に普通教育を受けさせる義務」を課している。これを受けて，学校教育法は，保護者に対し，小学校6年，中学校3年，併せて9年の就学義務を課している。

6）多くの訴訟において，教員は学校設置者の「履行補助者」として位置づけられる。

7）坂田仰「教育紛争解決制度の一断面－法化現象の進展と裁判例の動向－」日本教育制度学会第11回大会，2003年。

8）学校教育の法化現象は，かつてアメリカ合衆国においてもみられたプロセスである。訴訟社会といわれるアメリカ合衆国においてさえ，1960年代に至るまで，学校は例外的な存在とされてきた。それが価値観の多様化が進行し，「古き良きアメリカ」像の共有が困難になるなかで，「校門を超えて」訴訟の波が押し寄せるようになった。

9）児童の権利に関する条約は，1989（平成元）年11月に国連総会において採択された。日本は1994（平成6）年に批准している。

10）比較的早い段階における管理主義教育に対する批判としては，1980（昭和55）年3月21日，第91回国会の参議院予算委員会における山中郁子議員の質問などがある。山中議員は，体罰を例にあげ，法制度と実態の乖離を指摘するなどしたうえで，一部学校の実態を「軍隊式の管理教育」と批判している。

11）法令による体罰禁止は，1879（明治12）年の教育令にまで遡る。その第46条に「凡学校ニ於テハ生徒ニ体罰（殴チ或ハ縛スルノ類）ヲ加フヘカラス」という規定が存在する。また，1890（明治23）年の小学校令第63条には，「小学校長及教員ハ児童ニ体罰ヲ加フルコトヲ得ス」とする規定がおかれている。

12）東京高等裁判所判決昭和56年4月1日。

13）東京地方裁判所判決平成8年9月17日。

14）ただし，同様の判決は1950年代にも存在する。たとえば，「基本的人権尊重を基調とし暴力を否定する日本国憲法の趣旨及び右趣旨に則り刑法暴行罪の規定を特に改めて刑を加重すると共にこれを非親告罪として被害者の私的処分に任さないものとしたことなどに鑑みるときは，殴打のような暴力行為は，たとえ教育上必要があるとする懲戒行為としてでも，その理由によつて犯罪の成立上違法性を阻却せしめるというような法意であるとは，とうてい解されない」とした，大阪高等裁判所判決昭和30年5月16日である。

15）東京地方裁判所判決平成28年2月24日。

16）2018（平成30）年度を例にとると，飲酒運転の場合，免職処分25人，停職処分30人，減給処分0人，戒告処分0人であり，訓告等も0人である。わいせつ行為等も同様の傾向にあり，免職処分163人，停職処分57人，減給処分18人，戒告処分7人，訓告等が37人となっている。

17）死亡事故の場合 1 億円，高度の後遺障害が残る事案では 2 億円を超える事案も増加し，災害共済給付制度ではカバーできない事例が多くなっている。

18）実際に事故が発生しても，せいぜい「安全管理を徹底する」という申し合わせや通知の発出に止まる場合が多い。

19）前者については『読売新聞』朝刊 1988（昭和 63）年 3 月 4 日，後者については『読売新聞』夕刊 1983（昭和 58）年 9 月 27 日など。

20）小中高等学校ともにかつては学習指導要領に関連する記述が存在していた。しかし，小学校においては，1953（昭和 28）年の改訂，中学校では 1969（昭和 44）年，そして高等学校については 1956（昭和 31）年の改訂で削除され，現在に至っている。

21）福岡地方裁判所判決平成 5 年 5 月 11 日。

22）学校設置者は控訴したが，控訴審においても学校側の過失が認められている（福岡高等裁判所判決平成 6 年 12 月 22 日）。

23）東京地方裁判所判決平成 18 年 8 月 1 日，名古屋地方裁判所判決平成 21 年 12 月 25 日，東京地方裁判所判決平成 29 年 9 月 29 日など。

24）仙台高等裁判所判決平成 30 年 4 月 26 日。

25）仙台地方裁判所判決平成 28 年 10 月 26 日。

26）宮城県では，運動会が開催される日の朝，花火を鳴らすという伝統がある。それが騒音と批難され，中止する学校が少なくないという（『河北新報』2019（令和元）年 9 月 17 日）。

27）京都地方裁判所判決平成 20 年 9 月 18 日。

28）たとえば，「大阪空港訴訟」最高裁判所大法廷判決昭和 56 年 12 月 16 日など。

29）最高裁判所第一小法廷判決平成 6 年 3 月 24 日。

30）しかも原告住民は，学校が存在することを理解したうえで，あとから住居地を定めていた。

31）2011（平成 23）年には，大阪府下で，対応に納得の行かない近隣住民が学校に押しかけ，ハンドボールのゴールネットに放火して逮捕されるという事件まで起こっている（『読売新聞』大阪朝刊 2011（平成 23）年 10 月 23 日）。

参考文献

坂田仰（2018）『裁判例で学ぶ 学校のリスクマネジメントハンドブック』時事通信社

──編著（2016）『改訂版 学校と法―権利と公共性の衝突』放送大学教育振興会

山口卓男編著（2014）『新しい学校法務の実践と理論』日本加除出版

渡邉正樹編著（2020）『学校安全と危機管理 三訂版』大修館書店

第 2 章

デジタル革命と知と教育の現在
—メディア論的視点からのアプローチ—

1 知と教育をめぐる迷走

　私たちは今，デジタル情報通信技術革命という歴史的転換点の渦中にいる。いまだ全面的な展開には至っていないが，今後その影響は，学校教育の領域にも徐々に浸透していくことになるだろう。なぜならこの変革は，学校をとりまく社会・環境の基本条件に変更を加えるものであり，学校の存在や教育の概念まで根本的な問いに曝すものだからだ。

　しかしながら，その潜在力に対する学校・教育側の感度は高くない。まず目に付くのは，防衛的な反応だ。たしかに教育は，ゲーム依存や SNS にかかわるトラブルなどから，子どもを守る任務を負う。とはいえ，その守り方は，新しいメディアが社会に広がっていることを前提として，自らを守りながら正しく活用でき，同時にコミュニケーション空間を快適で生産的な場として支えるマナーや戦術を教えるといった積極的なものではなく，危険を煽って使用を制限するといったアレルギー的な反応が目立つ。他方で，ことさら情報技術革命を喧伝したがる人たちは，グローバル競争で勝利するための ICT の活用やプログラミング教育の充実を訴えることに加え，知識よりも，学びに向かう「態度」や「○○する力」など諸々の「コンピテンシー」を身につけさせる教育へと方向転換することがブームとなっている。こうした動きの背後にあるのは，"知識・技術はすぐにコモディティ化するし，いつでも検索できる，これからの時代に求められるのは，生涯持続的に「学ぶ力」や「創造する力」に他ならない"という合意である。

　断片化された知識に，あたかも本質的価値が宿るかの幻想（教養主義）から脱却し，社会的実践世界と知のつながりを取り戻し，公正な社会の実現や豊か

な生を送るために，その有効活用を求める意見に異論はない。しかし，知と実践のつながりが，しばしば実用性（しかも経済的な観点からみた実用性）に偏向しがちであることや，やたらに「○○力」や「△△する態度」といった抽象的な能力や空虚な主体性（態度）が強調される点には違和感がある。また，こうした議論展開の背後には，人間の主体性や能力と知識や技術を分離して捉える，教育学の古い枠組みがある。こうした枠組みと知識はアウトソーシング（検索）可能であり，AI に比べ人間の記憶容量は貧弱であるといったデジタル時代に特有のイメージが結合することで，上記の二項対立図式がより一層，先鋭化してくるのである。

　本章が提案するのは「メディア」という概念・道具であり，メディア論的視点だ。メディア論的な視点は，近代的な人間観・技術観・教育観を根底から問い直す視点であり，とりわけこの視点により，一方で，知識や教養を本質視し，技術に対してはひたすら防衛的態度を示す権威主義，他方で，個人の主体性や個人化された能力を神秘化し，技術進歩を無批判に肯定する楽観主義の双方を同時に回避することができるようになる。また，メディア論的視点をもつことで，このラディカルな技術革新（デジタル革命）の時代をより冷静に，より効果的に，乗り切ることができるだろう[1]。

2 メディアとは何か

　メディア（media）とは何か。メディアとは，ラテン語の「メディウム（medium）」の複数形であり，「中間にあって作用するもの」（媒介・媒体）を意味する。ここではヒト（生命体）と世界，ヒトとヒトの間にあって，両者の関係・つながりを媒介する何者かをメディアと呼んでおく。「何者か」とは，必ずしも物理的・実体的な存在とは限らない。メディアとは，実在する対象をさし示すラベルではなく，「それをメディアとして観察せよ」という指示（視点・方法）であり，何をメディアとするかは観点によって異なってくるので，この概念を厳密に定義するのはむずかしい[2]。若干，具体例をあげておけば，空気は音や匂いを伝えるメディアであり，言葉はそれを通して（媒介して）世界

を認識するメディアで，技術（道具）もまた，人間と自然の間におかれたメディアである[3]。

　メディア論的にみたメディア（媒体）は，「伝える」「つなぐ」ための，単なる手段（透明な媒体＝中立な乗り物）ではない。マーシャル・マクルーハンは，「メディアはメッセージ」であると表現し，私たちの注意をメディアそれ自体（その作用）に促したが，このテーゼ・洞察が，私たちのメディア論の起点・出発点となる。まったく同じ言葉（内容）でも，それを SNS で伝えるのか，手紙で伝えるのか，直接対面して伝えるのかで，まったく異なったメッセージが伝わるという経験は，誰もがもっているのではないか。

　だが，マクルーハン（1964＝1987）が関心をもつメディアのメッセージとは，個別の使用レベルで現れるものというより，当該技術が社会に広がり習慣化することによって生じる社会や人間への波及効果とでもいうべきものだ。このような観点から，マクルーハンは，さまざまな道具—言葉，新聞，テレビ，ラジオ，数，衣服，家屋，自動車，武器など—を遡上にのせ，その効果について，スリリングな議論を展開している。なるほど，私たちは車を高速の移動手段として用いるわけだが，そもそもそうした道具の広まりにより，私たちにとって世界が，より狭く身近なものに変容しているのである。

　間におかれた媒体の力で，その両端（人間や対象・世界）が変質するわかりやすい例として，貨幣をあげることができる。

　経済学の教科書的な教えによれば，貨幣は「交換の媒体」「計算の単位」「価値の蓄積」などの機能を担う便利な道具である。とりわけ，「交換の媒体」機能は重要で，貨幣は物々交換では実現困難な「欲望の二重の不一致」を見事に解決するすぐれた道具と分析される。だがこれは貨幣が当たり前に流通する世界に生きる，私たちにとっての「貨幣描写」にすぎない。ここで「交換の媒体」機能とは，「媒体」と表現されているものの，むしろ貨幣特有の媒介作用（貨幣メディアのメッセージ）を見事に忘却させるものだ。

　たとえばジンメル（1896＝1999）の観察によれば，貨幣が介在する以前，現物経済が主導的であった時代では，人格と物件は共属する関係におかれており，

また，中世の同業組合は，その成員を全人として取り込んでいた。貨幣経済はまず，こうした人間とモノとの関係に乖離を生み出し，人間と人間の関係も匿名で非人格的な関係として再編するものとなった。貨幣以前には物々交換があったとか，人間は自己利益を求めて行動するのが本性だといった前提は，貨幣浸透後の世界からみた世界・人間描写にすぎないのである。

　ところで，ここで貨幣を，世界をバラバラにした張本人だと断罪するのは適切でない。貨幣は共同体的で濃密な関係を解体したかもしれないが，他方で，分業を支え，より広い世界に散在する人々を有機的に結びつけた。貨幣により，人間の自律性も高まった。もちろん，貨幣だけがこうした変化を生み出したわけではないが，いずれにせよ貨幣は単なる交換媒体（道具）なのではなく，人間（関係）や社会をも再編する影響力の大きなメディアなのである。

　マクルーハンは，メディア論的視点を自らが生きた時代における技術革新の分析に活用し文明批評を展開した。世界は複雑で技術決定論には注意が必要だが，こうしたメディア論的な視点は，人類史レベルの長期的な視点で活用するならば，きわめて有効であり，その射程の広さもみえてくる。

3 メディア論的人類学―教育学的人間観を更新する

　類人猿から分岐し人類が誕生したのは，およそ700万年前。その後，何段階か変異を繰り返し，およそ20万年前に私たちの祖先である現生人類（ホモサピエンス）が誕生したとされるが，当初はネアンデルタール人など，ほかの種の人類としのぎを削り合っていた。5〜7万年前に現生人類は，言葉や一種のアートを扱うようになり，その後，農業革命，産業革命など，いくつかの段階を経て人口の急激な増加を伴いながら，現在に至っている。遺伝子的にはさしたる変化もないのに，この急激な変容，変化の加速化は一体，いかにして可能になったのか[4]。

　こうした謎の解明に，突破口を開いたのはアンドレ・ルロワ＝グーラン（1964＝2012）である。グーランが注目したのは，人類が開始した直立位（直立二足歩行）である。直立位は，人類がヒトへと生成していくうえで重要な2つ

の条件を開いた。1つは，①前足が移動機能から解放され，手が使えるように
なったこと。これは道具の使用に結びつく。もう1つは，②短い顔面（顔・表
情）の誕生で，連動して口が解放されることになった。これは，言語活動への
可能性を開くと同時に，他者との対面関係の基盤ともなるものだ。

　これまで私たちは，巨大な脳や，未熟出産（学習可能性）などの人間の事実
に注目して，これを人類の基準となる特質（進歩・発展の理由）とし，「道具」
については，知性の派生物として，いわば附属品扱いしてきた。これに対し
グーランは，手の解放と短い顔から「道具」が生み出され，それがヒトを形づ
くる波及効果をもつことに着目し，「ヒト化のプロセス」とは，「生物の技術的
外在化のプロセス」であると喝破した。もちろん，グーランのこのテーゼは，
技術決定論ではない。状況は複雑に結びついており，知性なしに，技術はあり
えない。直立歩行は，③後頭部容積（脳）の拡大も可能にしたが，技術（知の
外在化）なしに，人間の知性が高度に発展することもなかっただろう。

　では，技術的外在化はいかにしてヒト化のプロセスを進めてきたのか。ビア
トリス・コロミーナ＆マーク・ウィグリー（2017）は，やや挑発的な仕方で
「デザインは常に人間の役に立つものとしてその姿を現すが，その本当の狙い
は人間をリ・デザインすること」（9頁）であり，「人間は，自身を変化させる
行為によって常に発明されている」（56頁）と，人間と技術の相互関係性につ
いて議論を展開している。人間は知性を用いて世界と格闘し，その成果を道具
＝デザインとして外在化するが，そうした外在化された技術・道具（の作用）
を通して，「内部に新たな感覚」がつくり出されるというのである。

　それにしても技術的外在化がいかにして「内部の感覚（意識や知性）」にまで
影響を及ぼすことになるのか。稲垣諭（2019）は，ひとまとまりの行為を目的
と手段に分解し，両者の間に「間隙・選択の余白」をつくり出す点に道具の特
性を見いだしている。動物の牙は，噛み切ることと食べることが一体化した一
連の活動のなかに埋め込まれているが，ナイフという道具は，モノを切り裂く
機能を特化し突出させる，というのだ。言い換えると，道具は「所作に先立っ
て対象を予め（pro-）定立する（thesis）機能を果たすもの」であり，「道具を

使うことで対象への働きかけに先立って関係性自体を『先取り』することが可能になる」（石田　2006：19頁）のだ。ピエール・レヴィ（2006）は，以上の知見を，道具は行為をヴァーチャル化すると表現している。切り裂くという機能が特化されることで，アクチュアルな食べる＝切り裂く行為がヴァーチャル化され，何者かを切り裂くという一般的な行動の可能性へと拡張されるが，人類は，こうした道具による機能の外在化，それに伴うヴァーチャル化の働きにより，その認知＝行動空間を拡張してきたのである。

　ところで道具は，ヒトと世界をつなぐ媒体であるだけでなく，その共通の使用を通して，人間どうしをつなぐものでもある。道具を通して同じようにリ・デザインされ，またつながることで，課題を共有する集合体が生まれ，課題の解決や技術開発もまた，集合的な次元で進行するものとなる。道具は，時間と空間を超えて，ヒトとヒト，そしてデザインとデザインをつないでいく。これは進化のプロセスにおける前代未聞の伝達法の創発であり，人間は，遺伝子とは別の仕方で，獲得成果を次世代に向け伝えていく方法を生み出したといえる。

　以上，技術と知性，人類進化とのかかわりを概観してきたが，人間は知性や記憶を直接拡張する道具をもつようになった。言葉・文字・数のような記号＝技術がそれである。

4　言葉（象徴）という記号＝技術へ

　私たち人間は対象世界に直接つながっているのではなく，記号に満たされた観念世界に生きている。記号とは，「あるモノの代わりをするもの」であり，物理世界から自律した閉じたシステムをなす。記号世界は，記号表現（意味するもの）と記号内容・対象（意味されるもの）の間を解釈項が媒介するというように，三項関係的に構成されており，刺激－反応，原因－結果のような二項的な接続関係に支配される自然世界の決定論から免れている。ダニエル・ブーニュー（1998＝2010）は，パースの記号論に依拠しつつ，記号を指標（Index），類像（Icon），象徴（Symbol）の順に段階化されたものとして発展的に展開している。指標とは，黒い雲は雨を予感させ，声のトーンが気持ちを伝えると

いったように，モノや現象に隣接し，ほぼ直接的に対象世界を提示する記号である。多くの動物は，こうした指標的世界に生息し，食べ物の匂いに引き寄せられ，恐ろしい動物の爪痕に恐怖を感じながら生きている。これに対し，人間は動的で立体的な世界を二次元に写し取る絵画のような類像はもとより，記号表現と記号内容の間の自然なつながりが失われた象徴を繰ることができる。自然に縛られない恣意的な記号（象徴・言葉）を駆使することで，ヒトは「現実にはないもの」を表現・思考する可能性を手に入れ，豊かな観念世界に住まうようになった。そして，ここで注目すべき点は，言葉とは，それ自体意味のない数十程度の「音（あ・い・う…）」に人間の声を分節し，そうした要素（聴覚イメージ）の組み合わせ（まずは単語，次に文章…）により，ほぼ無限に意味生成を可能にする，驚くべき記号＝技術だという点である。

　もちろん人間の言葉は，象徴的な要素のみで成り立っているわけではない。言葉は，比喩や韻，音の強弱やトーンのような指標や類像，つまり大地や生物学的基盤とも連結した複合的なものとして構成されている。実際，話し言葉は声に由来し，声は，他者とつながることを主眼とする，顔や口の解放の系列に属するメディアである。声の響きやリズムを通して皮膚（口）と皮膚（耳）が共鳴し，そこに情動的な一体感が生まれるのだ。私たちが言葉を交わすのも，情報交換の必要性以上に，他者とのつながり（関係性や自己の構築）を求めてであることが多いといえよう。

　以上，言語がいかに高度な道具＝技術でありかつ多次元的なメディアであるかがみえてきたが，その注目すべき特徴をいくつか付け加えておく。

①言葉がコンタクト（接触）のメディアであると同時に情報交換（目的行為）の道具であるのは上述でみたとおりだが，２つの性質は相互に促進し合う関係にある。コンタクトを求める活動を通して共通の世界・課題が拡大し，世界や課題の共有を通して絆も深まる。他方，言葉は集合的な実践の中で使用される道具でありながら，個人の思考（内面）を象る要素でもある。こうした言葉は，個性を支える一方でそれ自体が集合的

記憶を伝達・蓄積する貯蔵庫でもあり，今日の人類は，こうした言語＝集合的記憶の産物であるといえるだろう。

②言葉には，自然界に存在しないもの（虚構）を表現し，現前させる力が備わるが，この虚構構築力と集合的性格が組み合わさることで，共同主観的世界が生まれることになった。国家，宗教，法的人格などの虚構＝構築物は巨大な社会機械（協力関係）として面識のない人間どうしをつなぎ，協働させる現実的な力として機能すると同時に，私たちの精神的拠り所としても不可欠な存在となっている。

③ヒトは，言葉によっていま・ここから離れ，時間を生きる存在になった。現在（現状）を超え出ようとするこの言葉の運動が，人間らしさを構成する。言葉の多層性は，人間存在の重層性にもつながる。口承（指標的側面）は人間が大地に根ずくうえで不可欠。文字は論理的・分析的で，こうした文字への習熟が人間を現実原則に向けて社会化する。

　言葉は自らの存在をほぼ完全に消し去る点でもメディア中のメディアである。言葉は私たちにとって，実践のなかで生み出され，実践的有用性によって繁栄する道具というよりも，客観的な世界を写しとるラベル（真実に対応した記号）として感じられるものだ。

　さらに，言葉を通して思考し，世界と関係することに慣れ切った私たちには，その限界や偏向を意識することはむずかしい。こうして言葉は，私たちの精神を解放し自由にする一方で，言葉の世界に閉じ込める。そのことが偏見や差別にもつながりうるので，言葉の物質性やメディア的性質を自覚することは重要だ。さらにいえば，ここで私たちは，言葉の生産や流通が，いかなるメディア＝技術と結びつき，支えられているについても注意を向ける必要がある。どのような言葉が求められ生き残り捨てられていくかは，それを媒介するメディアによって，枠づけられているからである。

　たとえば口承文化では，人物＝英雄を中心に世界を描写する人間の記憶に適合した物語形式のもとで知・情報が伝達されてきたが，こうした物語形式は，

ヒトを情動的に巻き込むうえでは有効でも，詳細に至る正確な情報の伝達には向いていない。文字，さらには活版印刷術の発明により，ストーリー化されにくい客観的事実が記録されるなど情報量が飛躍的に拡大するとともに，論理的一貫性の検証も容易になり，科学革命も実現可能になった。文字文化はさらに，公共空間（民主主義）を準備し，メディア（読み書き能力）を伝えるメディア（公教育）を生み出すなど近代社会と一体化したメディアであったが，新たな情報技術革命を迎えつつある今日，その問題点や限界も浮き彫りになりつつある[5]。

5 文字メディアのメディアとしての近代学校

　メディアの概念を拡張すれば，人間をその要素として組み込む巨大な道具＝社会機械も，道具＝メディアの1つとして数えることができる[6]。実際，現代の政治は，官僚制組織や民主的な手続きを通して具体化されているのであり，宗教は，聖人，聖書，教会といった具体的な人物や組織を通してその内実が与えられてきた。そして，特定の目的を実現するためにつくられたとされる組織や手続きにも，目的・内容から独立した特有のメッセージが含まれている。本節では，まさに文字などの道具の使用法や知識の伝達を目的とする学校という制度・組織のメディア性について検討しておく。

　学校を，「教え手」と「学び手」を集めてなにがしかの知識や技術（カリキュラム）を伝える「場所」として定義するなら，それは古代文明（メソポタミア，エジプト）にすでに見いだすことができるという。その背景に文字（社会技術）や数字（対自然技術）の誕生があるが，この時代の学校は万民に知識を普及する意味はもたず，支配階級の特権性を維持・伝達するものであった。文字は重く耐久性のあるメディア（石）に刻みこまれ，祭儀の場で王の威信を誇示する手段として使われた。

　他方，学校（school）の語源は，ギリシャ語の閑暇（"scholē"）に由来している。興味深いのは，ギリシャが，豊かな風土や貨幣経済が浸透する一方，1つの文字で1つの音を表す表音文字，アルファベットが誕生し，誰でも文字が自

由に使えるようになった時代であった点である。こうした新しい技術的環境の
なか，学問や芸術に専念し，幸福を実現するための自由で満ち足りた時間（閑
暇）が開かれたのである。

　近代になり，学校は社会で生きていくうえで必要な知識・技術を組織的・体
系的に伝える制度・組織として大きな力をもつようになった。学校は個人の権
利保障や社会の維持・発展のための組織とされるが，同時に学校は，文字文化
のなかで育ちこれを支える組織・制度であり，文字や文字文化の産物（知識・
教養）を社会全体に普及し，定着させる役割を果たしてきた。では，こうして
文字文化を中心に編成された近代学校は，メディアとしてどのような「メッ
セージ」を伝えてきたのか。

　いっぽうで，学校は文字メディアが有する形式としての特質，たとえば，合
理性・論理性，さらには欲望の充足と先延ばしにする現実原則（視覚優位の形
式）を浸透させることで，近代社会の形成を先導してきた。そうすることで学
校は，多種多様なテキストの生産者と消費者（読者層）を養い，豊かな文字文
化を育んできた。同時に学校は，1つの言語を通して教え，さらには特定の歴
史・知識を共有させることで，国民国家（民族幻想）の構成にも貢献した。国
民を平等に包摂することで社会にメリトクラシー的原理を浸透させ，身分社会
を打破する作用もあった。

　他方で，文字文化に支配された学校には権威主義的で排除的な側面も備わっ
ている。学校は意識・理性とつながりの深い視覚以外の感覚を軽視することに
加えて正統な知識を定義・選別＝編集し，その獲得された成果を通して人間を
も序列化する。文字文化は論理性・一貫性などを広めたが，このことは逆にみ
れば，理性と非理性，大人と子どもを分割し，人間の感性，言葉のメディア
性・物質性を排除・抑圧し，人間の生の可能性を著しく制限するものでもあっ
た。さらに，学校は段階的に配置された知＝カリキュラム，選別配分機能（入
学試験）と結合した大量生産型の社会機会であり，人間の個別化・画一化を押
しすすめ，社会の変化に対する障壁ともなっている。

6 デジタル革命と現在

　近代学校は，定住，文字文化，近代，国民国家，大量生産型の産業社会の環境のなかで，とりわけ文字文化や産業社会を支える存在として発展してきた制度・組織であり，グローバル（移動民），感性や情動性，変化・流動性が喧伝される現在，その基本構造や使命自体が根底から問われるものとなっている。現在の姦しいまでの改革騒ぎの背景に，こうした学校の根源的な揺らぎ（問いかけ）があることは否定できない。とはいえ今日の学校批判・改革至上主義的言説の多くは，冒頭でも述べたように，技術楽観主義に粉飾されたもう1つの近代イデオロギーにすぎず，区別して丁寧に論じることが必要である。

　インターネット技術が興味深いのは，それ自体が「社会変革的意図」をもって発達してきたメディア・技術であるという点だ。それは確かに冷戦期の軍事競争に由来する技術ではあるが，民主社会の実現，市民の力の拡張を夢見て，市民（ハッカー）も参与しつつ，構築されてきた。インターネットは，カリフォルニアン・イデオロギーと呼ばれる理念のもとで知の中央集権体制（マスメディアなど放送という形式）を打倒し，誰もが知の生産者，情報の発信者となり，国境を超えて万民がつながるオープンな場となることが期待されて登場したメディアなのだ。さらに現在ではデジタル技術の飛躍的発展により，あらゆる知をアーカイブ化し検索可能にするばかりか，モノどうし（IOT）をつないでこれを自動制御することも可能になった。経済産業省の示した Society5.0 のビジョンでは，大量生産型の産業社会とは真逆の，個別最適化と全体の調和を実現するスマートな社会像が描かれている。ビッグデータを駆使した個別の健康管理・医療体制，子どもの個性に合った学習環境を保障する UDL（universal design of learning）などはそのわかりやすい例だ。

　このような個別最適化のビジョンに照らしてみると，学校はトップダウン（権威・一方通行）で閉鎖的であり，融通の利かない画一的＝大量生産的な組織の典型（過去の遺物）にしかみえない。さらに近年のデジタル技術の発展は，より即物的な観点から，on-line 授業が可能なら毎日学校に通う意味はあるか，なんでも検索可能な時代に，コツコツ知識をため込む努力は必要かといった素

朴な疑問を学校に投げかける効果をもちはじめている。

　しかしながら現在では，市民の力を拡張すると期待されたこの新しい技術のマイナス面も，露わになりはじめている。たしかに，インターネット＆デジタル技術は，私の自由（能力）を著しく拡張する。しかしそれは逆の方向でも妥当する。たとえば，私の「見る」能力の拡張は，私が「見られる」リスクの高まりであり，記録・検索能力の高まりは，忘れられる権利の困難と裏腹だ。私たちはセキュリティへの不安から監視技術への依存を強めるが，結果として，この社会を息苦しいパノプティコンへと仕立て上げることになる（東　2007）。

　たしかに，社会がVUCA化（不安定，不確実，複雑，曖昧）し，変化がデフォルト化する現状を根拠に，今こそ脱学校を実現し，「学びの時代」が到来しつつあると寿ぐことも可能である（ケヴィン・ケリー　2016＝2016）。だが，拘束の欠如や選択肢の増大といった消極的自由は，人間にとって実質的な自由の拡大を保障しない。SNSで独裁国家は倒せても，新しい政治を樹立するには別の苦労が必要だ。世界が緊密につながり，相互依存的になったことに加え，陳腐化のスピードが加速化しつつある現在，学び（止むことなきアップグレード）は，自由というより強制されたものであるとすらいえる。

　シンギュラリティ騒動や真実も選択肢の1つとして相対化するポスト真実が席捲する現状をみると，技術悲観論に陥りそうにもなるが，まず目を向けるべきは，誰がどのような意図・文脈で技術を生産・使用しているのかだ。今日のネットワークとデジタル技術は，それらが極限まで効率性を追求する現在の資本主義の文脈において作動している。この文脈のなかでデジタル技術が活用されることで，合理化・最適化に向かう力が急ピッチで上昇する。世界を瞬時につなぐこの技術が，労働者間の競争を極限化し，疲弊させるよう作用しているのである。

　だが，このデジタル技術が本領を発揮するのは，消費者としての私たちを制御するときである。産業化開始時には，人間のニーズは素朴で安定しているようにみえ，このニーズに応えるよい製品をつくることに力を注ぐことができた。しかし，現在の資本のターゲットは，私たちの欲望そのものの開発であり操作

である。私たちはますます巧妙化する広告・イメージに包囲され，絶えず欲望が掻き立てられ，水路づけられるようになっているのだ。それが快適なら問題ないと思うかもしれないが，その快適さこそが罠であるとしたらどうだろう。私たちは広い世界に触れるツール（窓）としてメディアを主体的に活用しているつもりでも，いつの間にか私たちはデジタルメディアが提供するフィルターバブルにとり囲まれ，私的な興味や実用的関心からなる情報世界に閉じ込められることになる。自分とは異なる考えをもつ他者や公共的な情報と接する機会も失われていくことになるであろう。ハイパーインダストリアルな社会のなかでの高度情報技術は，「知的な生の成果」（概念，思想，定理，知識）と「感覚的な生の成果」（芸術，熟練，風俗）の衰退，すなわち「象徴の貧困」（スティグレール　2004＝2006）をもたらすものなのだ。

7 デジタル革命の可能性と人間・言葉・教育の未来

　ヒトは技術的外在化のプロセスを通して，遺伝とは異なる形で生成変化してきた。ヒトは知性を用い状況の改善に勤しむが，その結晶である新たなデザイン（技術＝メディア）は，人間の意図を超えて人間や世界のあり方を書き変えていく。こうして人類は現在，デジタル技術革命の時代を迎えつつあるが，デジタル技術は目下のところ，自己準拠的に作動する資本主義機械を強化する道具として利用され，人間，社会，環境危機の加速化に加担している。だが，この新しい技術には，現在の資本制を変質させる潜在力も備わっている。その潜在力を，人間の生や生活を豊かにする方向で有効活用するには，そのメッセージ（可能性の中心）に耳を傾け，その活用法にかかわるさらなるデザインの創出が求められる。

　筆者が注目するデジタル技術の特質は，世界を脱物質化（情報化・分子化）する，その推進力にある。これまで人類は，主体と環境の安定した関係のなかで，ひたすらそのギャップを埋めるべく，知性・情報を活用してきた。しかしながら，ヒトの無意識の行動や欲望まで書きとり，その傾向性を分析し情動や感覚を操作したり，モノどうしの連絡調整で人間の環境世界をも自動制御する

このデジタル世界では，人間もまた１つの変数として流動化するようになる。

　しかし，人間が自然や本質など絶対的な根拠をもたないことは，技術的外在化を旨とする人間の条件であり，それが創造的変化を支えるものでもある。情報の価値は，それ自体に内在しているのではなく，その組み合わせから生じる（佐藤　2012）が，とりわけ０／１によって一元的にコード化されたデジタル情報は領域を超えた接合も容易で，その組み合わせ次第では，思いもよらぬ価値や世界を生み出すことも可能である（ルチアーノ・フロリディ　2014＝2017）。

　とりわけ考慮すべきは，私たちの社会は物質的成長の限界にきているという点である。モノからデザイン（情報）へと生産・消費の軸を移すだけでなく，デジタル技術を用い，サーキュラー・エコノミー[7]のような人間・環境にやさしいビジネスモデルへと転換を促すことは，危急の課題といえるだろう。さらにこのデジタル技術の浸透により，個人，所有，競争を基軸とする政治・社会の OS（レッドオーシャン）が，分人・ノマド，シェア・コモン，内発性・応答性を基調とした多元的で人間的なもの（ブルーオーシャン）へと移行していくことも期待できる。

　このとき，文字メディア（知識・概念）はどうなるのか。たしかに，意識を拡張し，意識と意識をつなぐ視覚中心の文字メディアは，人間のあらゆる感覚，さらには無意識的な行動とも連結可能なデジタル技術からすると，守備範囲の狭い限定的な道具＝メディアにみえる。それでも言葉は，人間を自己や未来，そして他者に配慮する存在にし，複雑な思考を支え行動を促すとびっきりの道具であり，文字・書物・学校は言葉のこの特性を支えるメディアだ。過剰な情報の大海で方向を見失わないためにも，確かな足場（知識・概念）やナビゲーションの道具（方法論など）を確保することは不可欠だ。もちろん，それで世界が制御しつくされるわけではない。大切なのは，理性主義（頭のなかの操作）から脱却し，道具＆仮説としての概念をたずさえて大海に飛び込み，現実とのズレを感知するなかで，道具の改良・創造作業を積み重ねていくことだ。この意味でも知識・概念と実践・技術を対立させる古い思考の枠組み（道具）は廃棄されなければならない。

注

1）メディア論的視点は，教育の実践（授業や学び）を読み解き，デザインするうえでも有効である。教育学におけるメディア分析は，今井（2004）を参照。また，たとえば，矢野（2002）は，動物絵本をメディアとして分析した先駆的研究であるといえる。
2）松木（2019）も，最も確定的なのは，「この『メディア』という用語に対する統一的な見解が不在であるという点だ」（16頁）と指摘している。
3）ルチアーノ・フロリディ（2014＝2017）は，技術はユーザーとプロンプターの間に生まれるものとして一般化し，人間中心主義を戒めている。たとえば太陽は，帽子＝技術を生み出すプロンプターだ。これにより技術と技術を技術が媒介するケースも分析が可能になる。
4）ジョセフ・ヘンリック（2015＝2019）は，人間とチンパンジーの遺伝的差異はごくわずかで（98％以上同じ），生物学的にみて無力な存在である。そうした人間が，現在，地球上で繁栄しているかにみえるのはなぜかという問いを立て，「文化－遺伝子共進化」なる仮説で，このメカニズムを解き明かした。
5）メディアの歴史的変遷についての詳細については，伊藤（2014）を参照。
6）レジス・ドブレ（1997＝2000）は，「組織化された物質」に加え「物質化した組織」をメディオロジーの対象としている。
7）先進的実例を取り上げたわかりやすい解説書として，中石（2020）を参照。

引用・参考文献

東浩紀（2007）『情報環境論集　東浩紀コレクション』講談社
アンドレ・ルロワ＝グーラン／荒井亨訳（1964＝2012）『身振りと言葉』筑摩書房
石田英敬編（2006）『知のデジタル・シフト』弘文堂
伊藤明己（2014）『メディアとコミュニケーションの文化史』世界思想社
稲垣諭（2019）「道具：〈ポスト・ヒューマン〉以後」河本英夫・稲垣諭編著『i Human AI 時代の有機体－人間－機械』学芸みらい社
今井康雄（2004）『メディアの教育学』東京大学出版会
ケヴィン・ケリー／服部桂訳（2016＝2016）『〈インターネット〉の次に来るもの』NHK出版
ゲオルク・ジンメル／北川東子編訳・鈴木直訳（1896＝1999）「近代文化における貨幣」『ジンメルコレクション』筑摩書房
佐藤典司（2012）『モノから情報へ――価値大転換社会の到来』財団法人経済産業調査会
ジョセフ・ヘンリック／今西康子訳（2015＝2019）『文化がヒトを進化させた』白揚社
ダニエル・ブーニュー／水島久光 監訳（1998＝2010）『コミュニケーション学講義』書籍工房早山

中石和良（2020）『サーキュラー・エコノミー』ポプラ社

ビアトリス・コロミーナ＆マーク・ウィグリー他／牧尾晴喜訳（2017）『我々は人間なのか？』
　ビー・エヌ・エヌ新社

ピエール・レヴィ／米山優監訳（1995＝2006）『ヴァーチャルとは何か？』昭和堂

ベルナール・スティグレール／ガブリエル・メランベルジェ＆メランベルジェ真紀訳（2004＝2006）
　『象徴の貧困』新評論

マーシャル・マクルーハン／栗原裕・河本仲聖訳（1964＝1987）『メディア論』みすず書房

松木健太郎（2019）『デジタル記号論』新曜社

矢野智司（2002）『動物絵本をめぐる冒険』勁草書房

ルチアーノ・フロリディ／春木良且・犬束敦史監訳・先端社会科学技術研究所訳（2014＝2017）『第
　四の革命』新曜社

レジス・ドブレ／西垣通監修・島崎正樹訳（1994＝1999）『メディオロジー宣言』NTT出版

――（1997＝2000）『メディオロジー入門』NTT出版

第3章

貧困の拡大と学校・教師

　1990年代半ばから日本社会で注目を集めてきた格差，貧困問題は，とくに「子どもの貧困」に焦点を当てる形で社会問題化が進み，2014年に施行された「子どもの貧困対策推進法」をもとにした対策がスタートした。その成果について評価と検討が待たれていたところで，新型コロナウイルスによって仕事を失う人が大量に生み出され，さらなる貧困の急拡大という事態が到来したのである。

　今後，学校においても貧困な家庭で育つ子どもの存在がさらに顕在化・常態化していくことになるだろう。こうした事態を前に，学校・教師が貧困とどう向き合うかがさらに重要な課題となる。本章は，教師を志望する学生らが貧困と出会い，学校教育について考え直す契機を提供することを目的としている。

1 貧困と日本社会

（1）現代日本の貧困の現れ

　TVの報道番組で紹介された貧困家庭の映像について，「貧困といわれてもピンとこない。貧困というのは生死にかかわる状態では？」という反応が学生から返ってくることがある。たしかに衣食住の最低限のニーズは満たされているようにみえるが，子どもの日々の経験を想起してみるとどうだろうか[1]。

　父がリストラにあった家庭の小学生は，学校で指定された習字道具の費用3000円が必要なことを「お母ちゃん，しんどそうやから言えない」と話し，ダブルワークで深夜まで働く母子家庭の子どもは「夜働くのをやめてほしい，学校であったことをゆっくり聞いてほしい」と語っている。親の側からは「子どもの病気は仕方ないから病院に連れて行くが，親は我慢するしかない」「子

どもが 18 歳になるまでは，自分の身体がボロボロになってもがんばらないと」
という言葉が伝えられた。親を頼る前に遠慮してしまう，話を聞いてもらえな
い，ほかの子どもたちが当たり前に享受している経験から取り残される，冷た
いまなざしと肩身の狭さ。他方の親にとっては，病院に行くことも含め必要な
出費をまかなえず，子どもの望みに応えられないやるせなさ，不安とストレス
が募り，夫婦間，親子間のやり取りにも影を落とすことになるだろう。

　自分自身が，あるいは自分の子どもがこうした状況におかれることを想定す
れば，それは何としても避けるべきものと大多数の人が考えるだろう。今日の
豊かな社会のなかで，こうした生活は「あってはならない」状態というべきで
あり，その水準を「貧困」として区切り，そうした事態に陥らないための仕組
みが社会として設けられている[2]。

（2）貧困の広がりと深さ・地域的な現れ・背景

　2018 年時点で日本の子どもの 13.5％が貧困状態にある。この「7 人に 1 人」
という貧困の「広がり」を考える際，そのなかに貧困線を大きく下回る所得状
況，困窮度の高い人が含まれていることに留意しておく必要がある。これは貧
困の「深さ」と呼ばれ，所得再分配とセーフティネットの制度が不備な日本で
はほかの先進国に比してその度合いが高くなっている。

　学校給食がない長期休暇のあとに痩せて登校する小中学生の姿が報道される
ことがある。生活背景の厳しい生徒が多く通うある高校の生徒調査では，アル
バイトで稼いだお金を家計に入れる，自分の生活費に充てるなどの理由が目立
ち，「1 日 1 食」という生徒もいる。貧困が家族関係の不安定化につながる
ケースでは，家に帰ることができず友人宅を頼ることにもなるという。

　このように，衣食住にすら欠けるなかで暮らす子どもがいるのであり，ケー
スとしては稀だが，経済的理由での親子心中事件が起き続けていることも貧困
の「深さ」を物語っている。心中未遂で母親が中学生の娘を殺害した事件では
（井上他編　2016），離婚後養育費が払われず，生活保護の申請に行っても「仕
事をしているから」と断られ，非正規で短時間の仕事が公営住宅の家賃滞納，

退去処分につながり事件に至っている。雇用問題，社会福祉の不備，親自身が生活を守るための知識を身につけられなかった教育の課題，さらに，就学援助[3]を受けていることは知っていたが特段のサポートをすることのなかった娘が通う学校の姿勢など，何重にも問題が積み重なったなかでの悲劇である。

　なお，ここで言及した就学援助制度の支給基準は生活保護の所得水準に準じたラインであり，「うちの学校では就学援助率が何割」という数値は，貧困のなかで生活し学校に通っている子どもがその比率だけいるという事実として学校関係者は常に留意しておくべきだろう。

　国全体での就援率（2017年で14.7％）は「子どもの貧困率」に近いものとなっているが[4]，この数値は同じ自治体のなかでも学校ごとに大きなちがいがある[5]。このちがいは，貧困が地域的に偏在し集中している傾向を物語るものであり，その背景には，地域ごとの経済状況，住宅事情がある。さらに，豊かな親たちが望ましい教育環境を求めて居住地を選択することによって貧困層の暮らす地域との分離・分断が進行している。その結果，富裕層にとっては貧困ななかで暮らす人が身近にいない，見えない事態をもたらしているのである[6]。

　それでは，四半世紀にわたって進行している貧困拡大の要因はどこにあるのだろうか。冒頭の事例は，失業を経験した父親のいる家族や母子家庭であった。従来から労働市場における女性の位置づけは周縁的で，子育て中であればなおさら安定した雇用を確保することは困難となる。さらに男性についても，企業の利益追求を最優先し「規制緩和」を進める新自由主義のもとで正社員から非正規雇用への代替が進んでいる。労働市場のなかで女性がおかれてきた不安定な状況が男性にも広がりつつあるという事態が近年の貧困拡大の主因である。

（3）貧困の受け止め

　貧困拡大は社会の側に原因がある。しかしながら「本人の努力が足りない」とする自己責任論が日本社会では根強いままであり，さらに「他人の子どもへの冷淡さ」というべき傾向がほかの先進国に比して高いことが報告されてい

る[7]。教育格差について「当然だ」「やむをえない」という回答が増加し6割を超えたという調査結果は[8]，こうした傾向の高まりを示すものといえるだろう。

　貧困について，「本人の問題」「他人の子どもの不幸」だとして切り捨てるだけでなく，貧困層を非難するバッシングが近年高まっている。在日外国人，生活保護受給者など困難な状況におかれた人々に対して「不当な優遇を受けている」として攻撃的な言動を向ける意識の裏面に本人のかかえる不安・不満の高まりがあるとする議論がある[9]。雇用の不安定化，過剰な「働き方」を強いる企業社会のあり方が人々の不安・不満をもたらす主因であるにもかかわらず，弱者に対するバッシングとして下向きに吐き出されるかぎり，不安・不満を生み出す元凶が問われることはなく，自分たちの困難な状況もそのままとなってしまう。

　貧困を「あってはならない」状態だと見なす考え方自体が，日本社会では定着していないと考えるべきかもしれない。そうであるならば，貧困とそれをもたらす要因，今は貧困でなくとも容易に陥りやすい社会のあり方，さらに，人間らしい暮らしを守る仕組みが人々の取り組みによって実現してきた歴史的な経過を多くの人に伝えることが必要であり，貧困問題に対して教育ができる解決策の1つがそこにあるはずである。

2　貧困と子どもの育ち

（1）就学前の不利

　貧困がもたらす負の影響は，物質的な欠乏にとどまらず，心身の健康，人間関係，自尊感情など生活のあらゆる側面に表れる。そしてさらに，人生初期の貧困経験が生涯にわたって不利をもたらすことも重要であり，それは子ども時代の貧困経験が教育達成を抑え，職業が規定されることによる。

　政治学者パットナムの著作『われらの子ども』は，上層・下層の親子へのインタビューを数量研究の蓄積と結びつけ，アメリカで進行する格差拡大の様相を描き出している。ここでは，同書で言及されている印象深い研究を紹介する。

乳幼児期の環境がもつ影響力は非常に大きく，たとえば親など応答的な大人との間でなされる「サーブ＆リターン」のような相互作用の積み重ねが脳の発達を大きく左右する，つまり「脳は社会的器官として発達するのであって，孤立したコンピュータではない」ことが明らかにされている。また，子どもに向けられた言葉かけの量が上層と下層の家族の間で大きく異なるばかりでなく，上層では肯定的な言葉かけ，下層では抑止的，否定的な内容が主となるなど質的なちがいも大きい。富裕層には有利に働き，他方の貧困層では好条件に欠けるだけでなく家庭の不安定性がもたらす親のストレスが阻害要因となるなど負の影響を与えつづけ，成長とともに格差が拡大していくことになる。

　これらの知見は格差の縮小をめざす立場からは無力感を抱かせるものであるが，適切な時期に支援がなされれば現在ある格差を大きく縮小できることを示すものでもある。実際に，その効果を示す検証や，貧困軽減のための費用が貧困を放置した場合にかかる社会的コストを相殺することを示した研究成果が蓄積されている（パットナム　2017）。

　成功のための機会が平等に開かれているべきだとのコンセンサスの存在が，アメリカで格差をめぐる研究と改善のための実践が重ねられてきた背景の1つだろう。対して日本では「一億総中流」との想定のもとでこうした研究が注目を集めることはなかったが，近年，格差に関する知見が蓄積されつつある。

　たとえば松岡亮二（2019）が紹介する母親対象の縦断調査では，親学歴による「意図的養育」の差が生後半年の段階ですでに現れ，子どもの成長とともに拡大していることが明らかにされている。具体的な項目としては，「読み聞かせ」，「父母に『なぜ』，『どうして』と疑問に思うことを質問する」，テレビやゲームの時間の制限などがあげられている。

（2）学校における排除／学校からの排除

　学校での好成績につながる条件に入学以前から大きなちがいがある。では，学校でその縮小がなされているのだろうか。現実はその逆である。

　不利を背負って学校に通う子どもの生活に関する欧米での研究では，学校内

で子どもたちが疎外的な経験を重ね，不利が拡大し，早期に学校から離れる傾向が示されてきた。こうした事態を「学校における排除／学校からの排除」と表現したイギリスの研究者は，貧困層対象の給付金を受けている子どもとそうでない層とでは「質的に異なる学校経験」をしており，「教師との間の憂慮すべき対立」があると報告している（テス・リッジ　2010）。

　日本ではどうだろうか。子どもの学力，学歴が親の階層（収入や学歴）によって大きく異なるというデータが繰り返し示され，たとえば高所得層で家庭学習時間がゼロの子のほうが低所得層で長時間学習をしている子よりも成績が高いという調査結果（耳塚　2007）は，先にみた幼少期からの家庭環境のちがいが現れたものと考えられる。

　学校生活についてのデータとしては，国際的な学力調査（PISA調査）で問われた「学校では気後れして居心地が悪い」「たいていの先生は私を公平に扱ってくれる」など学校生活での疎外感を問う設問で，親の社会経済階層が低いほど否定的な回答が多い結果となっている（阿部　2008）。

　生活困窮状況にある中高生を対象に高校進学，中退防止を目的とした学習支援の場が広がっているが，そのスタッフから「学校では『わからない』と言えず，教えてもらえない」と参加する子どもが口にすることが多いと聞いたことがある。また，別の学習会の主催者は「寄り添って教えてくれる誰か」がいることで勉強がわかり，自信が高まり，「意欲」「協調性」「粘り強さ」「忍耐力」「計画性」など「非認知能力」が高まると報告している（渡辺2018：97頁）。同書では，子どもの変化について「現場で起きている奇跡」と表現しているが，それは学校の排除性を物語るエピソードとしても読まれるべきだろう。

3　貧困と学校の力

（1）「力のある学校」の取り組み

　貧困など不利な背景をかかえる子どもの多くは，低い学力のまま早期に学校を離れる傾向が続いている。しかしながら，少数ではあるが，そうした子どもに十分な学力を定着させている学校が存在している。

欧米で進められている「学校効果研究」は，生活背景と学力を突き合わせて集計することで黒人や移民，労働者階級の子どもたちに学力を定着させている学校を見つけ出し，その実践をほかの学校に広めることをめざしている。これと同様の手法で「効果」が確認された日本の小学校で観察調査を行った志水宏吉は，学力向上を可能にしたポイントを「集団づくり」に求めた。子どもどうしが互いに傷つけ合うことを許さない集団づくりによって勉強が「わからないときにわからないと言える」関係性が実現し，学力向上に結びついているのである。

　志水は成果をあげている学校に共通する特徴を整理し，「効果」という言葉が数値で表される学力に焦点を当てるニュアンスをもつのに対して，子どもだけでなく教師を含めてそこにかかわる大人たちもエンパワーする総合力の高い学校であることに着目し，「力のある学校」と名付けている（志水　2005）。

（2）「荒れ」から脱却した中学校の取り組み

　学校教育に関する議論においては，学力に注目が集まりがちである。しかしながら，子どもの生活，成長にとって学校という場とそこでの経験はさまざまな意味をもっているはずであり，「学校の力」としてその部分にも目を向けることが必要となる。以下では，筆者自身の経験を通して，とくに貧困などさまざまな困難をかかえている子どもにとっての「学校の力」を整理していこう。

　ある地域調査の過程で出会った「東中」（仮名）は，生徒の問題行動が長期間続いた学校であり，その背景の1つにはさまざまな困難を家庭にかかえた生徒の比率が高いことがあげられる。筆者が訪れたのは教師たちの奮闘で学校が落ち着きを取り戻した直後のタイミングであった。教室に入らず「浮遊」する生徒が多数おり，生徒の力が教師を上回る状況が長期にわたるなかで教師の病休，退職が続いていたという。そのなかで「学校を変えよう」と数人の教師が声をあげ，見ちがえる学校にするまでに5年ほどの月日を要した。

　「ヤンチャ」な生徒のリーダー格であった卒業生は，学校が落ち着いたころの思い出として「仲間と一緒にがんばることがカッコいいことなんだと考えが

変わったんです」と話してくれた。そして，変化を促した存在として部活動の顧問，担任，生徒指導，保健室の先生など多くの名前をあげ，「自分たちのことを考えていろいろ動いてくれたんです」と言葉を続けた。そうした教師たちの取り組みを整理していこう。

　学校の「荒れ」を解決するにあたって部活動（クラブ活動）がカギとなったという経験をしばしば聞いてきた。「東中」でも同様である。

　授業が終わり放課後になると，「昼間よりも学校らしい別の学校」に変わる。生徒たちは生き生きした表情できびきびと動き，顧問教師の言葉を聞きもらさないよう表情を引き締める。仲間とともに，うまくなりたい，強くなって勝ちたいという願いがあり，教師に対しては技量の高さや長時間活動をともにすることを通しての信頼感や敬意が抱かれるのだろう。教師の側には，「指導が入る」実感が抱かれているはずである。

　「浮遊」する子どもたちは部活動に入らず，加入率が半数を下回っていた状況から，「部活動を通して立て直していく」方針のもと多くの生徒を参加させるところから取り組みが始まった。「東中」で特筆すべきは「部活動集会」である。夏休み前などの節目の時期に部活動参加者だけで集会が行われ，各部のキャプテンが運営し，試合への決意，後輩への思い，親への感謝などが語られる。その成果として「部活動はしっかり取り組まなければならない。それは学校生活のほかの場面でも同じことだ」という自覚をもたせることにつながったと複数の教師が話してくれた。

　部活動以外の場面では，遅刻，服装，頭髪，持ち物などの指導，教室に入り授業を聞くように促す指導が繰り返された。力で抑える，強制する代わりに言葉で伝える地道な努力が繰り返され，家庭訪問で親と話し込むことも重視されている。先の卒業生も，集団での遅刻を繰り返す自分たちのグループに向かって泣きながら怒りつづけた教師の言葉を覚えていると教えてくれた。「お前らに幸せになってほしい，周りの人間を幸せにする人間になってほしい」と，集会や行事の際にこの教師が生徒に語る姿を筆者も何度か目にしている。

　体育大会や文化発表会などの行事が仕掛けとして活用されていることも指摘

できる。体育大会では集団演技に向けた練習の成果が発揮され，達成感が生徒・教師に共有されていた。また，ある学年では沖縄への修学旅行をメインに据えた活動が展開され，オキナワを題材とした合唱が取り組まれた。途中落ち着きを失った時期も挟みつつ，その学年の卒業式の合唱では保護者から賛辞が寄せられている。教師が生徒に向けてしばしば口にするのは「卒業と進路に向けて」という言葉であり，筆者は見る機会をもてなかったが，それぞれのクラスでの教師の働きかけもやはり「卒業と進路に向けて」進められていたはずである。

　こうした，部活動や行事が表舞台とすれば，学校の目立たない場所で生徒の声に耳を傾ける教師の姿も見られた。保健室を訪れて何時間も過ごす生徒がもらすつぶやきを受け止める養護教諭は，「家にも居場所がない子は，自分のことを大事に思ってくれる人はいないと感じている。『そうではないんだよ，心配している大人がここにいるよ』と伝えることが大事だと思っています」と話してくれた。また，「部活動顧問と生徒の間にあるパキッという関係が私には無理」と語る教師は，空き教室で不登校気味の生徒と一対一で過ごす時間を大切にしてきたという。そこで聴き取られた言葉は，ほかの教師たちに適宜伝えられ，必要なかかわりに活かされる体制も整えられたのである。

（3）学校という場と経験の意味

　高校での取り組みについてもふれておきたい。筆者が運営協議委員としてかかわりをもっている公立高校は，入試難易度では底辺に位置し，生活に困難をかかえ中学までの段階で学習につまずいた生徒の比率が高い学校である。その一端は第1節でもふれた。そこでは，わからなくなった時点からのやり直しによって基礎学力を定着させる取り組みに加え，発展途上国のストリートチルドレンを題材とした授業から始めて母子家庭の貧困やアルバイトの労働問題など自分たちに身近な生活課題までを取り上げ考える機会を提供する「反貧困学習」，地元中小企業経営者と連携した職場体験や就職に向けたサポートだけでなく社会生活を苦手とする子へのアルバイトの後押しまでを含めた就労支援，

出身中学や保護者との連携などの取り組みがなされ，さらに，中退を防ぎ学校につなぎ止める場，生活上の困難をキャッチし福祉につなぐ機会ともなることをめざした学校内の「居場所」としてカフェ活動を展開している[10]。多様な外部の機関，人材の協力を得ながら取り組まれる学校のミッションとして語られるのは「地元で生活する力，地元を支える力を育成する」ことである。

　学校という場とそこでの経験がもつ意味について整理する前に，部活動の意義を確認しておきたい。ここでは，アメリカの「学校を基盤とした課外活動」の意義について整理しているパットナムの議論を紹介する。課外活動は，現在「ソフトスキル」と呼ばれている勤労習慣，自制力，チームワーク，リーダーシップ，そして市民参加感覚というものをすべての階級の人間に広めようという進歩主義的な教育改革の一部として1世紀前に生み出された。そして，課外活動への参加が学校生活や学卒後の職業達成にまでも明確な好結果をもたらし，貧困層など不利な状況の子どもにとっても参加による顕著な効果がみられることを多くの研究が示してきた。効果をもたらす要因としては，「ソフトスキル」を身につけることと並んで，家族外の価値ある助言者として機能する大人との接触の機会となることもあげられている。このように，格差の平準化に寄与してきた課外活動だが，貧困地域においては財政逼迫のあおりで削減され，課外活動参加においても階級格差が増大しつつあるという近年の動向について強い危惧が表明されている（パットナム　2017）。

　ここまで紹介した事例をもとに，学校という場とそこでの経験がもつ意味を整理しておこう。学校は，教科の内容を授業で学ぶ，つまり認知的な社会化の場であるだけではない。多様な役割や性格をもつ教師を中心に，ほかの専門職，地域の人々も加わったさまざまな大人たちや同年代の仲間と出会い関係を結ぶ場，多様な活動や競技で自らを高めようと鍛錬し，敗退や失敗を含めた経験から学ぶ場である。「卒業，進路に向けて」の働きかけでは，卒業後に働き生きていくための力を身につけることがめざされ，そこでは職場への定着だけでなく，働く場を生きやすいものに変える力も重視されている。そしてさらに，家族や仲間，教師との関係で困難をかかえている子にとっては，安心してそこに

居ることができ話に耳を傾けてもらえる場も提供されているのである。

　「ソフトスキル」の修得（非認知的社会化），社会関係資本の豊富化（助言者，支え手との出会いを含む），そして「居場所」機能を果たすことによって「大人になる」過程を確実なものにしているのであり，それは同時に，卒業生を受け入れる「地元」にとっては地域を支える力を提供しているといえるだろう。

　これらはすべての子ども，若者に対して意味をもつものではあるが，とくに貧困ななかで育つ子どもたちにとっては，経済資本，文化資本，そして社会関係資本の蓄積が薄く，さらには家庭が安心できる場となっていないケースすら珍しくないなかで，学校が提供する場と経験はほかでは得られない非常に重要な意味をもつことになる。学校と貧困・格差をめぐるこれまでの議論は，上述した諸資本の保有量によって学校での成功が左右される側面に集中してきたが，そうした不利を補う場としても学校は存在しているのである。

　この関連で，現在進められている「子どもの貧困対策」についても検討しておきたい。目標として「貧困の連鎖を断つ」ことが掲げられ，学力向上による教育達成，つまり上級の学校に進学することによって安定した職に就き貧困から脱却することがめざされている。

　こうした貧困対策のあり方に対しては，「貧困そのもの，親・子が現に経験している困難状況の軽減がめざされていない」「学力向上の取り組みに乗らない，乗れない子について自己責任に帰されることが危惧される」などの批判がある。

　そして同時に，「達成」によって豊かな生活を実現できるのはごく少数にとどまる点も重要である。大学を出て大企業に勤め定年を迎える「大企業型」の人生を歩むのは全体の3分の1にとどまり（小熊　2019），その大半は豊かな親のもとに生まれ好条件に支えられて育つ子どもたちであると考えられる。

　他方で，本章で対象としている貧困ななかで育つ子やそれに近い状況の子の多くは，早くに学校を離れ「地元」で生きるという実態がある。大学や専門学校への進学によって広い選択肢が提示されることの意義についてはいうまでもないが，同時に，「地元」の社会に出るまでの準備と支えをいかに充実したも

58

のとするかという点も重要であり，「子どもの貧困対策」においてもそこにかかわる「学校の力」を充実したものにすることに注力されるべきである。

4 貧困と教師

（1）排除の担い手としての教師

貧困などさまざまな困難をかかえたなかで育つ子どもに対して意味のある「力」を発揮できている学校は少数であり，全体としては「学校における排除／学校からの排除」として先に整理した実態がある。本節では，そうした状況を変える手がかりとして，排除の担い手としての教師について検討する。

黒人や労働者階級，ひとり親家庭の子どもがなぜ学校で成功できないのか，その問題を説明するメカニズムとしてアメリカで提起されたのがクライアント問題である。クライアント＝客が仕事の遂行にとって不都合な特性をもつ場合，従事者は困難に直面する。中産階級出身の教師にとって，下層出身の子どもの振る舞いは学習習慣がなく道徳的にも受け入れがたいものと映ってしまい，適切に対処できない事態をもたらすことになるのである。

日本においても，「勉強する」「きまりをまもる」かどうかで子どもを評価する枠組みが教師の間に共有されていることを明らかにした研究があり，そこに子どもの生活背景を加味すれば，教師が「ウマが合う」と評価する子どもは恵まれた環境のもとで育つ子どもであり，そうでない子どもは否定的なまなざしを向けられがちなことが導かれる[11]。

ところで，人間を相手にする職業では「客を見る目」を養い適切に振る舞う，つまり「クライアント理解」が求められるのであり，それを困難なものとする要因の検討が重要である。

この点については，多数の子どもがいる授業場面を統制し学力を身につけさせるという教師の職業課題のゆえに，対応がむずかしい一部の子どもを「やっかいな」存在とみなしてしまうという構造的な要因を指摘できる。そしてもう一点，教師の認識枠組みとその背景としての生育背景，経験の幅について考えたい。

生徒や親と関係をつくることがむずかしい同僚教師について，そして他校の教師にも多くみられる傾向として，「自分のもっている枠組みを押しつけて，それができない相手を否定的に見なす」傾向があることを「東中」の何人かの教師が指摘している。「東中だけではないんですけど，『だからここはダメなんだ』『ここの子どもだから』という言葉が聞かれます」という指摘であり，他地域での筆者の調査でも同様の声を耳にしたことがある。

　こうした枠組みがもたれる背景としては，比較的安定した家庭で育ち高等教育を受けた者が教師に多いという階層的な要因があげられるが，それに加えて，先に言及した高校の校長の指摘を紹介したい。生徒と同様の困難な生活背景のなかで育ち教師になった人の場合，かえって生徒と良好な関係をつくれない傾向があるという。それは「自分もがんばってきたのだから，お前たちもがんばれるはずだ」と生徒に迫ってしまうことが原因だとの見立てである。

　「ここの親にも子どもにも夢がない」「『英語なんか使うことはないんやから勉強せんでいい』っていう親がいるんです」などといった言葉は，学習と高い達成をうながす教師の職業役割や自身の経験から発せられるものだが，親や子どもの生活をふまえれば，別様の見方と働きかけが可能になるかもしれない。

（2）教師が貧困と出会い知ることの意義

　「勉強しない」「指示に従わない」子を疎ましく思い，否定的に評価する姿勢から，不利な条件にある子どもを支える教師へ，その変化には教師の見方，枠組みを変える契機があるはずである。

　被差別部落の子どもを教育面で支え差別を乗り越えようと働きかける取り組みを同和教育と呼ぶ。第二次世界大戦後の初期の実践では部落の子どもや親の姿勢を「勉強しようとしない」などと表面的に捉える傾向がみられたが，そこからの質的な深化を可能にしたのがスクール・ソーシャルワーカーの日本における先駆的存在と評価されている「福祉教員」制度である。長期欠席の子どもがいる家庭への訪問を繰り返すなかで生活の実態とその背後にある差別の存在に気づき，そうした子どもを放置してきた学校・教師の姿勢を自ら捉え直すこ

とから「差別の現実から深く学ぶ」というスローガンが導かれたのである（中尾　2000）。

　部落差別という文脈がないところでも，子どもや親の生活と向き合うことでそれまでの姿勢を問われ，子どもを支える実践をスタートさせたという事例を，過去の実践記録や筆者の調査から見いだすことができる（西田　2012）。

　「東中」においても，自身の子ども時代の困窮経験とそこで得ることができた支えが教職をめざす契機となった教師が立て直しを主導した一人であり，ほかにも厳しい生活背景の子どもたちとの学校時代の経験から教職をめざした人がいた。さらに，同和教育を積極的に進めていた学校が初任校で，困難な生活をかかえる子を支えようと奮闘する先輩教師の取り組みから，子どもたちを支え「一人も切らない」姿勢を身につけたと複数の教師が語っている[12]。

　教師の認識枠組みを変え，困難な状況におかれた子どもを支える教師を育てるために必要なことは，意識的な仕掛けがなければ貧困と出会うことのない大学生に対して，教職課程に「貧困と教育」を扱う科目を設定し，貧困のなかで育つ子どもの生活，そうした子どもに対して力を発揮してきた学校の取り組みについて学ぶ機会を提供することがあげられる。そしてさらに，教職に就いたあとに育てることの意義も大きい。たとえば就学援助率が高く学力や生徒指導上の問題をかかえている学校に手厚い人的配置をしたうえで，そこに新任教員を配置し育成するという体制を構築することも有効であろう。

　貧困・格差の問題が悪化するなか，学校・教師が担うべき課題が以前にも増して大きくなることを論じてきた。しかし，学校教育に関連した議論で俎上にあげられるのは「学力向上」であり「働き方改革」である。前者については，貧困層の学力問題は問われることがない。教師の長時間労働を改善すべきとする後者の議論では，部活動をめぐる批判も合わせて取り上げられている。

　部活動については，顧問の長時間労働だけではなく，勝利至上主義の弊害や体罰の問題について改善が求められることはいうまでもない。しかし，部活動の時間や教師のかかわりが大きく縮減されるとしたらどのような事態が予想さ

れるだろうか。教師以外の指導者に委ねる方向が議論されているが，教師と生徒の関係形成，指導力の基盤となっている点でも，勝利優先など指導の弊害を避け教育の文脈にとどめる意味でも，教師のかかわりが必須なものと思われる。

　授業時数確保や保護者の意向から家庭訪問を取りやめる学校も増えているというが，部活動や学校行事，家庭訪問などこれまで学校・教師が担ってきたものが，すべての子どもたち，とくに貧困など困難な状況におかれた子どもたちにとって不可欠な「学校の力」を発揮してきたことをふまえた議論が求められる。「学校の力」を削ぐことになれば，それはただでさえ希少な貧困層の子どもを支える資源を決定的に掘り崩す結果をもたらすことになるだろう。

　もう一点，学校の側からみれば，生活に困難をかかえる子どもは学校から背を向けがちであり，厳しい「荒れ」として現れる傾向もみられる。「東中」の取り組みは多大な労力と時間をかけて進められ，それがあってようやく学校が落ち着きを取り戻した点は重要である。「東中」の教師の労働時間は市内でも突出して長く，教育委員会からの注意を受けると聞いたが，教師のメンタル面の健康度をチェックする教委の調査では非常に良好な結果であるともうかがった。志水のいう，教師のエンパワーにつながっているのかもしれない。

　しかしながら，長時間にわたる勤務を強いている現在の体制は改善されるべきである。貧困層のおかれた状況をふまえるならば，公教育を通した生育条件の補正，格差是正措置として，具体的には就学援助率の高い学校に分厚い教職員の配置や勤務条件の補填などが検討されるべきである。

　その実現のためにも，貧困・格差の現状が広く伝えられることを通してこれらの施策への理解が深められることが重要なステップとなるだろう[13]。

深い学びのための課題

1．子ども・若者の貧困を扱った記録をふまえ，学校・教師が何をすべきだったかについて話し合ってみよう。

注

1）NHK の番組「しのびよる貧困・子どもを救えるか」（2009 年 10 月放送），「ワーキングプア Ⅱ」
（2006 年 12 月放送）で紹介された事例である。
2）可処分所得（手取り）を計算し順番に並べた真ん中の人の額の半分（貧困線）に満たない人の割合
を「相対的貧困率」という。2018 年時点で貧困線は 127 万円，4 人世帯では 254 万円となり，住居費
の高い日本では残額での生活はギリギリの水準となる。「子どもの貧困率」は 17 歳以下の集計である。
3）就学援助制度は，経済的理由で就学困難と認められる児童・生徒の保護者に市町村が補助する制
度で，通学費，給食費，修学旅行費用などが対象である。
4）同年の生活保護を受けている小中学生の比率は 1.21％にすぎない。
5）大都市部の市で実施された小学 4 年生対象の調査では，就学援助を受けている児童は 22％，学
校別では最小値 0 ％，最大値 87％であった（松岡　2019）。
6）私立学校に通わせる場合も子どもの目には貧困層がみえないことになる。
7）医療や教育，持ち物などについて子どもが普通の生活をするために必要だと思うかどうかをたず
ねた調査と他の先進諸国での結果を比較し，子どもの必需品に対する社会的支持が日本では低いこ
とを阿部（2008）が報告している。
8）『朝日新聞』2018 年 4 月 5 日付の朝刊の記事「教育格差『容認』6 割超」を参照。
9）ヘイトスピーチの当事者については安田（2012）を参照。
10）居場所カフェ立ち上げプロジェクト編著（2019）に事例が紹介されている。
11）教師の排除性については，関連する研究を西田（2012）が整理している。
12）こうした学校での勤務経験が教師のアイデンティティやキャリア形成に大きく寄与していること
を中村（2019）が明らかにしている。
13）本章で紹介したパットナムの著作は，当事者の語りを通して貧困が身近にない富裕層に「知る」
機会を提供することを狙いとしている。

引用・参考文献
阿部彩（2008）『子どもの貧困』岩波書店
井上英夫・山口一秀・荒井新二編（2016）『なぜ母親は娘に手をかけたのか—居住貧困と銚子市母子
心中事件』旬報社
居場所カフェ立ち上げプロジェクト編著（2019）『学校に居場所カフェをつくろう！一生きづらさを
抱える高校生への寄り添い型支援』明石書店
小熊英二（2019）『日本社会のしくみ—雇用・教育・福祉の歴史社会学』講談社
志水宏吉（2005）『学力を育てる』岩波書店
テス・リッジ（2010）『子どもの貧困と社会的排除』桜井書店
中尾健次（2000）「差別の現実から学ぶ教育のあゆみ」中野陸夫・池田寛・中尾健次・森実『同和教
育への招待』解放出版社
中村瑛仁（2019）『〈しんどい学校〉の教員文化—社会的マイノリティの子どもと向き合う教員の仕
事・アイデンティティ・キャリア』大阪大学出版会
西田芳正（2012）『排除する社会・排除に抗する学校』大阪大学出版会
パットナム，R. D.『われらの子ども—米国における機会格差の拡大』創元社 2017
松岡亮二（2019）『教育格差—階層・地域・学歴』筑摩書房
耳塚寛明（2007）「だれが学力を獲得するのか」耳塚寛明・牧野カツコ編著『学力とトランジッショ
ンの危機—閉ざされた大人への道』金子書房
安田浩一（2012）『ネットと愛国』講談社
渡辺由美子（2018）『子どもの貧困—未来へつなぐためにできること』水曜社

第4章

グローバル化する社会と学校

1 「多文化共生」という社会課題

　総務省が公表した 2020 年 1 月 1 日現在の「住民基本台帳に基づく人口，人口動態及び世帯数」によると，全国の人口は，1 億 2713 万 8033 人で，前年度に比べて 30 万 5530 人減少した。うち，日本人住民の人口は，2009 年をピークに 11 年連続で減少したのに対して，外国人住民人口は，6 年連続で増加し，その対前年増減率は 7.48％増と高い伸びを示した。

　同調査によると，全人口に占める生産年齢人口の割合は，日本人住民の場合59.3％，外国人住民の場合は 85.3％を占める。少子高齢化により生産年齢人口が減少し，労働力不足が深刻化する日本社会において，外国人住民は，不足

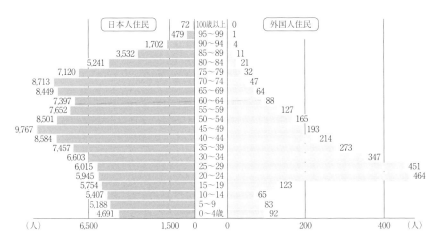

図 4.1　年齢階級別住民数

出所：総務省「住民基本台帳に基づく人口，人口動態及び世帯数」2020 年 1 月 1 日現在

する労働力を補う存在であることが浮き彫りになっている（図4.1）。

　今後も増え続けると予測される外国人住民に対して，政府は，外国人材を適正に受け入れるための法整備と，共生社会の実現を図るための環境整備を進めている。2018年12月には，「外国人材受入れ・共生のための総合的対応策」を提示し，省庁横断的な取り組みが本格化した。2019年4月には，最長5年間の在留を認める「特定技能1号」と，家族の帯同や在留資格の更新ができる「特定技能2号」の在留資格を施行した。2020年7月には，「外国人からの相談対応や外国人を雇用したい企業の支援，外国人支援に取り組む地方公共団体の支援などの取組」を総合的に行う「外国人在留支援センター（FRESC）」を東京都新宿区に設置している。

　このように，現在，日本では，外国人材を積極的に受け入れることで，深刻化する「労働力不足を緩和」し，産業・経済が活性化することが期待されている。同時に，生まれ育った文化や社会が異なる人々が，学校・職場・地域に急激に増え，それらの人々がもつ多様な価値・習慣・様式を理解し，ともに活かす方策を模索する「多文化共生」が，喫緊の課題となっているのである。

　本章では，外国人材受入れ政策により急激に変化している外国人住民の子どもたちとその受入環境の現状と課題を紹介する。そして，その知見をふまえ，次世代を担う，多様性のある子どもたちへの教育支援のあり方を考察する。

② グローバル社会のなかで育つ多様性の高い子どもたち

　はじめに，2018年6月末現在の法務省入国管理局「在留外国人統計（旧登録外国人統計）」をもとに，外国人住民の子どもたち（0〜14歳）の社会的特性を整理しておこう。以下に示すように，多様な特性をもつ子どもたちが日本に定着し，次世代を担う人材となることがうかがえる（図4.2）。

　まず，子どもたちの在留資格は，「永住者」「家族滞在」「定住者」「特別永住者」「永住者の配偶者等」「特定活動」「日本人の配偶者等」「留学」「興業」「文化活動」などがある。このうち，全体の約7割を占める「永住者」「定住者」「特別永住者」「永住者の配偶者等」「日本人の配偶者等」の在留資格は，基本

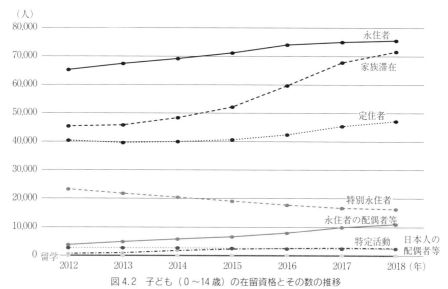

（人）

図 4.2　子ども（0〜14歳）の在留資格とその数の推移
出所：法務省「在留外国人統計」より筆者作成

的に日本に無期限，あるいは，更新すれば長期的に日本での滞在が可能である。

　また，全体の約3割を占める「家族滞在」の在留資格も，義務教育期間を日本で暮らし，一定の条件を満たせば，「定住者」あるいは「特定活動」に変更することができる。高等学校卒業後の就労にも道が開かれている。つまり，外国人住民の子どもたちのほとんどは，日本で暮らし働くことの選択肢をもち，自身のキャリアプランを描き，実現することが可能な存在なのである。

　外国人住民の子どもたちの在留資格の変更という視点でみると，永住あるいは帰化という選択肢もある。結城（2018）は，法務省による3つの統計調査から，2012〜2017年の6年間の，0〜14歳の在留外国人の子ども数の上位3位の国籍・地域と永住許可人数の上位3位の国籍・地域が一致していることを確認した。そして，日本での滞在年数が長くなると，これらの子どもたちもまた，永住あるいは帰化する可能性が高くなる可能性を示唆した。

　日本に定着する外国人住民の子ども数の増加は，前掲の図4.1にも示されるように，20〜30代の外国人住民数が全外国人住民数の53.6％を占めているこ

とからも推測される。今後は，その世代の子どもたちが日本で生まれ，成長する可能性も高い。また，2025年以降には，「より熟練した技能」を有する「特定技能2号」対象者に，家族の帯同が認められる。この制度により，国外で生まれ育った子どもたちが，日本で暮らし，定着する可能性も高いだろう。

　以上のように，外国人住民の子どもたちの多くは，一定の条件を満たせば，日本に長期的に在留することができる。また，日本への永住や帰化を選択することも可能である。もし，これらの子どもたちの教育環境が整えば，日本語も流暢<ruby>に</ruby>話し，日本の文化や制度にも慣れ，日本に愛着ももつ「人財」となりうる。ある者は，地域産業の担い手として持続可能性を高め，ある者は，ルーツをもつ母国などとの懸け橋となって国際的に活躍する可能性もあるだろう。

　これらの子どもたちが，将来，日本で暮らし働くことに充実感を感じ，また，これらの子どもたちが活躍できる活力ある日本社会を生み出す基盤は，現在の日本に築かれているのだろうか。その基盤づくりのために，何が必要となるのだろうか。

3 外国人住民の子どもたちをとりまく課題
―「制度」と「言葉」の壁による低い進学率と高い中退率

　外国人住民の子どもたちが日本においてその特性を活かせるという教育環境づくりは，教育機関や自治体，NPO等地域団体などのさまざまな取り組みが積み重ねられている。しかし，そのなかでも，高等学校に在籍する外国人生徒の実態には課題も多く，「制度」の壁と「言葉」の壁が根強く存在することが浮き彫りになっている。

　文部科学省（以下，文科省）「学校基本調査」によると，高等学校等への進学率は，2019年度には98.8%にのぼった。文科省は「生徒の能力・適性，興味・関心，進路等の多様化に対応した特色ある学校づくり」が求められるとし，制度改革や施策の実施を含めた，総合的な高等学校教育改革を行っている。いっぽうで，日本学術会議から出された提言「外国人の子どもの教育を受ける権利と修学の保障」では（日本学術会議　2020），外国人生徒の高校進学率が，

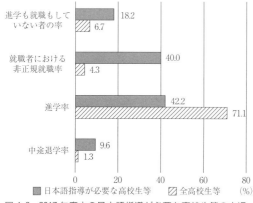

図 4.3　2017 年度中の日本語指導が必要な高校生等の中退・
　　　　進路状況

出所：文部科学省（2019）「日本語指導が必要な児童生徒の
　　　受入状況等に関する調査（平成 30 年度）の結果につ
　　　いて」より筆者作成

50〜60％台と著しく低いことを明示している（10 頁）。高等学校における入学者選抜で，外国人生徒に対する特別定員枠を設定している自治体もある。試験教科を軽減する，あるいは，学科試験を実施しないなどの配慮がされているが，その数は全国の約 3 割にあたる 14 都道府県にしかすぎない。

たとえ高校進学を果たしたとしても，外国人生徒の間には「日本語」が障壁となり，中途退学したり，就労に困難をかかえたりする者は少なくない。文科省「日本語指導が必要な児童生徒の受入状況等に関する調査（平成 30 年度）」によれば，日本語指導が必要な外国人生徒は全高校生に比べると，中途退学率は 7.4 倍，非正規就職率は 9.3 倍，進学も就職もしていない者の率は 2.7 倍と，顕著に高い。いっぽう，上位校への進学率は，全高校生の進学率の約 6 割にとどまっていた（図 4.3）。

文科省は，2020 年 3 月に「外国人児童生徒等の教育の充実に関する有識者会議報告書」を公表した。小中学校では，約 20 年前には取り組みが進められてきた日本語指導も，高等学校においては，ようやく「実現に向けて取り組む課題」の俎上に上がった段階という現状がある。

3 「文化」の壁—曖昧で両義性をもつ学校・教室空間

外国人住民の子どもをとりまく壁には，上述した「制度」と「言葉」の壁のほかに，「文化」の壁がある。「文化」の壁は，日本社会に根付くものであるため，高等学校のみならず，子どもが家庭生活から学校生活に移行する最初の段

階となる幼稚園や保育園から存在する。

　学校あるいは教室のなかの相互交渉過程を形成する慣例・習慣・ルールなどや，それらの根幹にある価値や基準は，外部の者にはみえにくい。「曖昧さ」と「両義性」という日本の学校文化に特有の指示・伝達の表現は，その「見えにくさ」に拍車をかけている。

　結城（1998）は，家庭生活から集団生活に移行する幼稚園の日常生活をエスノグラフィの手法で描き，その仕組みを明らかにした。教師は曖昧で両義的な指示や伝達を通して，子どもに状況を読み取らせ，その場で求められる知識や行動を，主体的に察知し行動に移すように導く。

　典型的な指示・伝達の例として，次の「『さすがS幼稚園のきくぐみさんだ』って言われるようにがんばりましょうね」（160頁）があげられる。

　「さすがS幼稚園のきくぐみさん」と言われるような行動が，どのようなものか，教師は具体的に説明しない。たとえその表現が曖昧であっても，子どもたちは，求められる行動を推測しながら，おしゃべりを止め，緊張感をもって背筋を伸ばし，教師の顔をじっと見つめる。そうした行動に移さなければ，「S幼稚園のきくぐみさん」というメンバーシップを失うかもしれないというニュアンスを子どもは感じ取りながら行動することで，教室には教師の期待する「準備」が整った子どもの姿勢と静かさが生まれる。

　このように曖昧で，S幼稚園のきくぐみさんに所属しているけれど，そのメンバーとしてふさわしい／ふさわしくないという表現に，外国籍の子どもがなじめない状況が生まれることは容易に想像がつく。

　たとえば，曖昧で両義的な表現として，「ごめんなさいね，アランちゃんは特別ね。おまめさんでしょ。それにフランスさんだから，言葉が通じないの。…許してあげましょうね」（165頁）があげられる。アランちゃんは，教室のルールは守れないが，「フランスさん」で「おまめさん（幼いという意）」なので，「特別」に「許してあげましょう」と，ほかの子どもたちに了解を求めたうえで，教師はアランちゃんに教室の一員としてのメンバーシップを付与するのである。

アランちゃんの立場に立てば，その場では，どのような行動がふさわしかったのかは伝えられていないのでわからない。アランちゃんは，教室のメンバーとしてふさわしくない行動をとっている存在であるが，特別の配慮をもってメンバーには入れておかれるという，きわめて複雑で両義的な状況におかれることになる。もし，アランちゃんが，多少なりとも日本語がわかる，あるいは，同じ教室の子どもたちの表情を読み取れるとすれば，教室空間の周辺部に追いやられたような疎外感と，上から目線で許してもらった微妙な所属感を味わったのではないだろうか。

　結城（1998）は，以上のように，相手を言葉のうえで集団に包摂したり，集団から排斥したりすることで，その集団に求められる行動を暗示することを明らかにした。そして，その集団活動メカニズムは，すでに幼稚園段階で現れることを示し，続く小学校以降の学校段階にも，その後の社会生活にも根強く表れることを示唆した。

　外国人住民の子どもたちも保護者も，日本の学校に行くと，子どもは「いじめ」に合うのではないかと感じ，日本の学校に行くのを不安がる事例も少なくはない（大泉町教育委員会　2003）。集団活動における曖昧で両義的なコミュニケーションが，外国籍の子どもにとっては「いじめ」と感じてしまう可能性もあるのではないだろう。生まれ育った文化や社会が異なる子どもにとって，上述した日本の集団活動のメカニズムを察知し，適応できなければならないとすれば，それは大きな「文化」の壁となるのである。

3 「不就学」という選択にみえた日本の学校の高い壁

　これまで紹介した「制度」「言葉」「文化」の壁が，子どもたちに立ちはだかった結果生まれる現象の1つが，「不就学」である。日本では，国連の「経済的，社会的及び文化的権利に関する国際規約（A規約）」に基づき，保護者の希望があれば外国人児童・生徒を公立学校に受け入れているが，現時点では外国人保護者に対しては，就学の義務づけはない。すなわち，「教育を受ける権利」と保護者の「教育を受けさせる義務」は，日本「国民」については，憲

法，教育基本法，学校教育法らの法律に定められているが，そうでない場合は法律上の義務はないと解釈されている。その結果として，義務教育段階にありながら「不就学」となっている外国人住民の子どもが生まれることになる。

　子どもが「不就学」となる背景には，保護者の失業や健康面の問題など，それぞれの家庭の事情がある。しかし，日本の公立学校が，不就学状況を解消する拠り所になれなかった点は注目される。その実態を紹介しよう。

　文科省は，2005〜2006年度にかけて，「不就学外国人児童生徒支援事業」の一環として，「外国人の子どもの就学状況に関する調査」を12の自治体（1県11市）に委嘱した。その結果，当該地域における学齢期の外国人登録者数9889人の1.1%にあたる112人が不就学状況にあることが明らかになった。

　さらに，2009年度には29の自治体（29市）に不就学状況の実態調査を委嘱し，当該地域における学齢期の外国人登録者数1万2804人の0.7%にあたる84人が不就学状況にあることが明らかになった。しかし実際には，リーマンショック後の景気の後退により，日系人保護者の多くが失職し，ブラジル人・ペルー人学校などに在籍していた外国人の子どもの多数が不就学状況に陥ったため，その5〜6倍の不就学の子どもたちが存在することが明らかになった。

　このことを明らかにしたのが，「ブラジル人学校等の実態調査」（もともと文科省委嘱事業「外国人労働者の子女の教育に関する調査研究」として2004年度より毎年行われていた事業）である。各年の12月1日を基準日としてブラジル人・ペルー人学校の調査を行っていたが，2008年度は，これに加えて文科省からの緊急要請として，2009年2月2日現在の外国人学校数と在籍者数，外国人学校を離れた子どもの移動理由をまとめることになった。ブラジル人学校の場合，学校数は，90校から86校となり，在籍する児童・生徒数は，6373人から3881人と39.1%減となった（図4.4）。外国人学校をやめた理由については，回答のあった1718人のうち，42.0%が本国に帰国し，34.8%が自宅待機あるいは不就学の状況にあった。自宅待機・不就学の状況にあった子どもの数は，598人にのぼった（図4.5）。

　外国人学校では，年間一人当たり40〜45万円の教育費が必要となる（結城

	2008/12/ 1	2009/2/ 2	増減数（率）
調査対象校数	90 校	86 校	
回答校数	67 校	67 校	
有効回答数	58 校	58 校	
就学前教育段階	1,330 人	600 人	− 730 人（▲ 54.9%）
基礎教育段階	4,406 人	2,778 人	− 1,628 人（▲ 36.9%）
中等教育段階	637 人	503 人	− 134 人（▲ 21.0%）
計	6,373 人	3,881 人	− 2,492（▲ 39.1%）

｝▲ 34.9%

図4.4 リーマンショック時前後のブラジル人学校の数
出所：文部科学省調べ

理　　　由	数（率）	
本国に帰国	722 人（ 42.0%）	
公立学校へ転入	160 人（ 9.3%）	
他のブラジル人学校等へ転校	53 人（ 3.1%）	（推計値・注）
自宅・不就学等	598 人（ 34.8%）	10.2%（就学前教育（自宅））
		24.6%（基礎・中等教育（自宅・不就学等））
不明	185 人（ 10.8%）	
計	1,718 人（100.0%）	

図4.5 リーマンショック時前後のブラジル人学校に在籍していた子どもの移動状況
注：2008 年 12 月 1 日現在と 2009 年 2 月 2 日現在の在籍者数（58 校中 42 校回答）
出所：文部科学省調べ

2007）。保護者が失職してしまえば，授業料を払う余裕はない。それならば，
「授業料不徴収，教科書の無償給与など，日本人児童生徒と同様に取り扱う」
ことをうたっている日本の公立学校に転入する子どもの数が増えてもよいはず
である。ところが，公立学校に転入したのは，全体のわずかに 9.3% にあたる
160 人にとどまった。公立学校は，「帰国・外国人児童生徒等の受入体制・支
援づくりの推進」の取り組みを構築してきたが，皮肉なことに，外国人の子ど

もたちにとっては「入りにくい公立学校」であることが露見したのである。

　上述した幼稚園の集団活動の事例や，緊急事態にも公立学校には就学しない事例は，現在から約10〜20年前に確認されたものである。同様の傾向が現在も存在するとすれば，日本の学校文化が，外国人住民の子どもを学びの場からどのように疎外しているのか検証していく必要があろう。

　その後，制度・言語・文化の壁を低くする取り組みは，全国各地で展開している。たとえば，かつて外国籍の子どもにとって，「入りにくかった」公立学校には，「就学促進員」の配置などにより，円滑な受入れ環境が整備されつつある。不就学状況にある子どもへの就学支援として展開した，文科省委託事業「定住外国人の子供の就学支援事業（「虹の架け橋教室」）」は，南米日系人の子どものみならず，中国，フィリピンなどアジアの国籍をもつ子どもの間にも不就学状況が存在することや，学齢超過の子どもの存在を浮き彫りにした（国際移住機関　2015）。

4　多様性が活きる未来を拓くために

　多様性をもつこれらの子どもたちが活躍できる活力ある日本社会を生み出すには，どのように基盤づくりを進めればよいだろうか。その検討の手がかりとして，以下に3つの点を提示する。

（1）幼児期からの相互理解・相互尊重の関係構築への支援

　第一は，相互理解・相互尊重を通した共生体験を，子どもが幼児期から積み重ねる支援をすることである。外国人住民の子どもの存在は，国籍を超えて児童・生徒が相互理解・相互尊重のあり方を考える，多文化共生教育の推進に重要な契機となる。多文化共生教育は，次世代を担う外国人児童・生徒にとっても日本人児童・生徒にとっても，必要不可欠な教育となろう。

　たとえば，私たちには，「外国」あるいは「外国人」に対して無意識に，ある前提をおく傾向があると思われる。それは大きく2つあり，①「日本」対「外国」という図式で日本を意味づける前提，②「外国人」は苦労している・

助けてあげなくてはならない存在だと考える前提である（結城　2016）。

　まず第一の，「日本」を語るときに，「海外では…」という語り口で「日本」を対置する前提について考えてみよう。私たちが「海外」という言葉を多用する背景には，日本が地理的に海に囲まれていることがあるかもしれない。あるいは，中根（1967）が指摘したように，日本の社会には，「ウチ」と「ソト」との関係性を意識し，「場」におけるふるまいや言葉づかいを調整する仕組みが存在するからなのかもしれない。

　しかし，「海外」の人たちは，自分たちが「海外」というラベルで一括りにされることに違和感をもつという。Foreigners（ガイジン）と呼ばれた途端，日本人との心理的距離を感じるという指摘もしばしば耳にする。今後は，日常生活のなかで「海外」の人の間にある多様性に目を向け，「人類社会の全ての構成員の固有の尊厳」（世界人権宣言）を学ぶ機会の提供も必要となろう。

　つぎに第二の，「外国人」は苦労している・助けてあげなくてはならない存在だとする前提についても考えてみよう。「外国人」の多くは，言葉・文化・制度の壁をかかえており，教育・医療・社会福祉など多様な領域で支援が必要になる。その実践には，奉仕やおもてなしの精神があり，その献身的な「善」であるはずの活動のどこかに，日本人のやり方を絶対的だと考える「一方的な上から目線」が存在するのではないか。この「一方的な上から目線」は，じつは筆者がかかわる地域日本語教室の実践現場にもあった。この教室では，社会福祉士やファイナンシャルプランナーを招き，高齢期に向けた備えを「わかりやすい日本語」で伝える実践を重ねてきた。しかし，いくらわかりやすい日本語で伝えても，学習者からは，「勉強になった」という感想は得られても，「主体的にやってみよう」という実践にはつながらなかった。あるとき，学習者の一人が介護施設で働いている友人を連れてきてくれ，外国人の視点で日本の介護がどのようにみえ，どのような工夫をしてきたのかという経験談をうかがう機会を得た。そのときから，教室にいる一人ひとりが自分の経験を母語や日本語で伝えはじめ，一緒になって介護の悩みに耳を傾け，知恵を出しあう関係が生まれた。日本人のやり方を絶対的だと無意識のうちに考える「一方的な上か

ら目線」の存在から自由になることで，より深い，共生の学びのおもしろさを知った。

　地域で働き生活する人たちの価値や行動様式が多様化するこれからの時代には，日常生活での相互理解・相互尊重の歩みが不可欠となろう。生まれ育った文化や社会が異なる人々のもつ知識や経験や考え方に耳を傾けながら，知恵を出し合い，よりよい労働・生活・学習空間をつくっていくことが，人権感覚を育むことになるのではないか。

（2）多様な主体が協働で子どもの多様性に対応する

　多様性が活きる未来に向けて求められる第二の点は，子どもの多様性に対応する教育支援を展開することである。たとえば，「定住外国人の子供の就学支援事業（「虹の架け橋教室」）」の取り組みのなかでは「学齢超過の子ども」への支援の重要性が確認された。また，「公立学校における帰国・外国人児童生徒に対するきめ細かな支援事業」の取り組みのなかでは，日本語能力の問題か発達障害なのかの判断のむずかしさが確認され，その対応が模索されつつある。これらの教育課題は，外国につながりをもつ子どもに特徴的な課題である。今後，その人数が増えていくとすれば，現在あるこれらの教育課題はさらに深刻化する可能性がある。

　こうした一人ひとりの多様性への配慮は，働き方改革が進む現代社会において，また，生まれ育った文化や社会が異なる外国人労働者の受入れが拡大する近未来において，ますます必要となる課題となろう。しかし，学校教育においては，個人と個人の間にある「ちがい」をできるだけみえにくくすることで，教育効果を高めるという構造が存在する（結城　2012）。今後は，個人と個人の間にある「ちがい」へのまなざしを育くむ教育に取り組む必要があろう。

（3）急速に展開する在日外国人政策に「教育」で備える

　多様性が活きる未来に向けて求められる第三の点は，2025年以降に急増すると見込まれる国々から来日する子どもたちが，不就学状況に陥らない体制づ

くりを進めておくことである。家族を帯同して日本で就労する特定技能2号の受入れ時には，保護者に対して日本での教育システムの理解を図らせ，就学の手続きを着実に行ってもらう仕組みづくりが必要であろう。また，新たな外国人学校が設立される可能性もある。これらの学校が設立される場合には，早い段階で連携をし，公立学校間で子どもの移動がある場合に備える必要がある。

筆者はかつて，在日外国人政策の展開を概観し，「黎明期」「発展期」「転換期」の3つの時期に整理した（結城　2015）。第1期は，1990〜2008年前半までの時期で，主として出稼ぎを目的に来日した「ニューカマー」と呼ばれる在日外国人に対応する政策が展開した「黎明期」である。第2期は，2008年後半〜2013年後半の約5年間の時期で，リーマンショックや東日本大震災の影響で経済的に困窮状態に陥った在日外国人に対応する政策が展開した「発展期」である。第3期は，2014年以降現在に至る時期で，日本の少子高齢化による生産年齢の減少で深刻化する，地方の過疎化や労働力不足を補う人財として在日外国人を捉える政策が展開する「転換期」である。

「外国につながる子ども」への教育支援もまた，ほぼ同じような区分で取り組みの特徴が変化しているようにみえる（結城　2018）。第1期は，おおよそ1992〜2008年度までの時期で，日本の学校への「適応」が重視され，日本語指導，教科指導，就学促進が充実した時期である。第2期は，2009〜2012年度までの時期で，教育支援のモデル事業を応用展開し，普及を図るなかで教育を施すもの・受けるものが主体的にその内容を「選択」できるようになった時期である。「定住外国人の子供の就学支援事業（「虹の架け橋教室」）」の，就学する教育機関の「選択」を想定した取り組みもまたこの時期の成果である。そして，第3期は，「外国につながりを持つ子ども」への教育支援がよりきめ細かになり，子どもの「多様性」に対応できるようにするためのアセスメントやマニュアル，教育課程の編成が生まれる時期である。

外国人労働者の拡充によりこれらの人々が生活し働く地域は，その業界・業種の多様性を反映し，より広域になることが予測される。次世代を担う人財となる外国につながる子どもが，その多様な特性を活かしつつ，それぞれの地域

に活力をもたらすことができるように育成するという視点で，第3期の充実が図られることを期待したい。

5　産業界からの多様性活用の兆しを契機に

　厚生労働省が2019年9月に公表した，令和元年版『労働経済の分析』を発表した。完全失業率は2.4％と26年ぶりの低水準，有効求人倍率は1.62倍と45年ぶりの高水準となり，雇用情勢は「着実に改善している」と指摘されている。いっぽうで，人手不足感はバブル期に次ぐ勢いで全産業に広がりっていることを明らかにした。その傾向は，都市圏より地方圏で顕著に現れ，倒産を余儀なくされる企業も相次いでいるという。

　その「地方圏」の1つである群馬県でも，人手不足は深刻だ。2019年4月に上毛新聞社が県内企業110社を対象に実施した，2020年春の新卒採用計画アンケートによれば，「人手不足」に悩む企業は約9割，「内定辞退などで採用予定数に達しなかった」企業は4割にのぼった。その打開策として，6割の企業が「正社員としての外国人」の採用を検討すると回答している。

　この打開策としての，「正社員としての外国人」の採用意向は，注目に値する。なぜならば，1990年の入管法改正以降，群馬県には，いわゆる日系南米系の「出稼ぎ労働者」を雇用する企業が多く，外国人の職種は，非正社員待遇の単純労働が中心だったからである。

　いっぽう，2019年9月に内閣府が発表した「企業の外国人雇用に関する分析」では，「正社員としての外国人」の雇用について興味深い3つの知見が示された。第一に，正社員としてのみ外国人を雇用する企業では，人手不足の補完というより，外国人ならではの利点・能力を活かす意識が高いということ。第二に，外国人材の積極的な活用を進める企業は，そうでない企業より全体的な従業員数が増加しており，女性の正社員や管理職，正社員の中途採用，65歳以上の雇用者など，多様な人材の活用にも積極的であるということ。第三に，外国人雇用の増加に対して，多様な働き手の雇用を抑制するような傾向はみられなかったということである。

このように，産業界から人的多様性（ダイバーシティ）を企業の活性化と生産性の向上につなげようとする要請が生まれていることを契機に，学校教育現場から，人と人との間にある「ちがい」に対する豊かなまなざしを育み，相互理解・相互尊重を図るための知識・技能・構えをもつ次世代を育てる本格的な取り組みが生まれることを期待したい。

深い学びのための課題

1．外国人材およびその子どもに関する国や自治体の取り組みを整理し，これから起こりうる社会変化を予想し，その可能性と限界を話し合ってみよう。
2．学校における日常的なコミュニケーションのなかに，どのような「暗黙」の前提が埋めこまれているか読み解いてみよう。

引用・参考文献

大泉町教育委員会（2003）『不就学外国人児童生徒の実態把握と就学支援のあり方』文部科学省指定平成 14・15 年度「帰国・外国人生徒と共に進める教育の国際化推進地域事業」
国際移住機関（IOM）（2015）『定住外国人の子どもの就学支援事業（虹の架け橋教室）成果報告書』
独立行政法人労働政策研究・研修機構（2016）『「人材（人手）不足の現状等に関する調査」（企業調査）結果及び「働き方のあり方等に関する調査」（労働者調査）結果』
中根千絵（1967）『タテ社会の人間関係』講談社
日本学術会議地域研究委員会多文化分科会（2020）提言「外国人の子どもの教育を受ける権利と修学の保障―公立高校の「入口」から「出口」まで」2020 年 8 月 11 日
文部科学省（2019）「日本語指導が必要な児童生徒の受入等に関する調査（平成 30 年度）」の結果について https://www.mext.go.jp/b_menu/houdou/31/09/1421569.htm（2020 年 7 月 1 日最終閲覧）
結城恵（1998）『幼稚園で子どもはどう育つか―集団教育のエスノグラフィー』有信堂高文社
――（2007）「外国人労働者の子女の教育に関する調査研究（3）―日系外国人児童生徒を対象とする『学校』の現状と課題に関する調査研究」2006 年度文部科学省「外国人教育に関する調査研究」委託研究報告書
――（2012）「『伝わるように伝える』教育実践の開発―在日ブラジル人学校におけるフレンドシップ事業履修生の体験から」群馬大学教育学部附属学校教育臨床総合センター『群馬大学教育実践研究』第 29 号，237-243 頁
――（2015）「転換期にある在日外国人政策―多文化共生政策からダイバーシティ政策の転換に求められる視座（特集 シティ・オブ・ダイバーシティ）」公職研『地方自治職員研修』675 号，26-28 頁
――（2016）「人と人との間にある『暗黙の前提』を問い直す―外国人も活きる社会の実現のために（特集 ダイバーシティ）」家計経済研究所『家計経済研究』111 号，46-52 頁
――（2018）人口減少社会日本を担う「外国につながりを持つ子ども」への教育支援（特集 人口減少時代の多文化共生）」日立財団 Web マガジン『みらい』VOL. 3，http://www.hitachi-zaidan.org/mirai/03/paper/index.html（2020 年 7 月 10 日最終閲覧）

第 5 章

シカゴ市における学校と地域
—「持続可能なコミュニティ・スクール」の成立まで—

1 ターゲットにされる地域の学校

　2014 年にスタートした「地方創生」政策は，教育に対して政治，経済的な目的を優先させる。

　「地域の活性化」を掲げながら，実際には大企業が活動しやすいように地域を大規模に再編し，「選択と集中」の名のもとに活力のなくなった地域を切り捨て一部に集中させていく。総務省が全自治体に提出を「要請」した「公共施設等総合管理計画」による施設再編が自治体自らの手で計画化され，強力な財政誘導によって推進されてきた。今あるすべての公共施設を維持することは人口減少が見込まれるなか，将来の改修で大きな赤字を生みだす。そこであらかじめ公共施設の総量を減らしておくようにさせる。公共施設のなかで約 40〜60％と最も総延床面積が大きい公立学校が統合・再編のターゲットになる。今，日本全国で多くの公立の幼・小・中・高校が統合対象になっている。そのなかでも小学校区は 1950 年代の昭和の合併以前の旧町村であることも多く，住民にとっては生活圏，福祉などの基礎単位であり，住民自治の単位でもある。学校統廃合によって小学校区を廃止することは，その住民自治の解除につながる。

　このように学校そのものの存続が脅かされることは同時に，「学校自治」と称される学校を中核とした学校を構成する人々—教職員だけでなく保護者[1]，子ども，地域住民を含む—による自治的な共同関係の解除にもつながる。逆にいえば，子どもたちの最善のニーズや教育的条理に基づいて学校単位で自治的に政策が決定されるとしたら，その「学校自治」の存在は，経済的な目的を優先するトップダウン教育改革—新自由主義教育改革と呼ばれる—にとって最も障害物となる。

このような改革がおそらく世界で最も先行しているアメリカのシカゴ市において，学校統廃合に対する抵抗を背景として生み出された新たな教師と地域の共同の形成に着目する。具体的には，そのような共同関係が成立する経緯と，CORE（Cocas of Rank and File Education：草の根教員たちのコーカス）と呼ばれる「反学校統廃合，反民営化」を掲げるシカゴ教員組合（Chicago Teachers Union；以下，CTU）のなかの1つのグループが組合の主導権を得て，コミュニティ組織とともに学校を守る対抗軸を形成し，やがてシカゴ学区の「持続可能なコミュニティ・スクール（Sustainable Community School；以下，SCS）」が導入されていく経緯を追ってみたい。

　2016年のシカゴ教育庁とCTUとの団体交渉を経て新たに結ばれた労働協約（Contract）のなかで獲得されたこの制度は，2018年に最初の20校が制度化されている。「学校閉鎖」とチャーター・スクールへの移行による「民営化」への対抗措置として生まれ，貧困地域の学校に対して予算措置を取り，コミュニティ組織を「パートナー」として，子どもや家族が社会的に可能なサービスを継続的に受けられるようにしていく制度として捉えられる。

　そのなかでも，教師との共同という視点からみて，代表的なコミュニティ組織であるケンウッド・オークランド・オーガナイゼーション（Kenwood Oakland Community Organization；以下，KOCO）と，最初にSCSに認可された同じ地域のディエット高校の事例に注目する。この事例については榎景子が，市当局による学校閉鎖計画に対する住民側の対抗プランを「地域教育計画」の典型例として紹介している（榎　2020）[2]。しかしディエット高校はその学校プランが拒否されたあと，地域活動家と保護者12名のハンガーストライキが行われた結果，地域の学校として存続することになった。その経緯については，ユーイングの著書（Ewing, E. L.　2019）[3]などで近年広く紹介されている。

　シカゴ市においては1988年にシカゴ学校改革法により制度化された「学校評議会（Local School Committee）」が，学校運営への地域，保護者の「学校参加」と「学校自治」を促進させてきたと先行研究では評価されている[4]。この制度は，公選された地域代表，親代表，教師代表などから構成され，校長人

事権なども有している。しかし，1995年シカゴ教育改革法以降，形骸化しつつあったこの学校評議員会制度ではなく[5]，コミュニティ組織と教職員組合によってつくられた新しい共同が地域の教育要求を実現するのに機能した。学校閉鎖という事態に対して，学校と地域の子どもたち，そして地域自体を守ろうとする力がはたらいた。また，そこには，組合が自分たちの労働条件を改善するだけではなく，貧困問題や人種差別を改善していこうとする社会正義組合主義の出現がみられた。それはこれ以降，シカゴ以外の多くの都市の教員組合運動に大きな影響を与えるものとなっていった[6]。

2 アメリカにおける学校と地域の変貌

アメリカにおける新自由主義教育改革は，1993～94年に各州で開始されたスタンダード・ベースド・ムーブメント（教育課程の基準設定運動）によってスタートする。アカデミックな達成をめざすために設定された州ごとのスタンダード（教育課程の基準）は，必ず達成度を評価するための州一斉テストを伴っている。学校ごとの「結果」が公表され，保護者に対してアカウンタビリティ（説明責任）を保障するものとして位置づけられる。「集権化と分権化の芸術的なブレンド」と称される学力テスト体制は，この一斉テスト，「結果」に応じた財政配分，「学校評価」および「教員評価」といった集権的な改革と，学校選択制，各校の校長の権限拡大，ある種の「学校参加」制度，といった「分権的な改革」を同時に行う点が特徴的であった[7]。多くの権限が学校レベルに「分権」化されたとしても「評価」と財政で縛りをかけることによって強力な中央の統制が可能になる。しかも，この改革は，生徒の「学力向上」をめざすための，学校によるサービスの受け手への「アカウンタビリティ（説明責任）」として正当化され，教師は常に「評価」され，ときに批判の対象となる。

さらに，1991年にミネソタ州で最初のチャーター・スクール法が制定され，瞬く間に多くの州に拡大したチャーター・スクール制度が学力テスト体制に与した。チャーター・スクールとは，公費で民間が運営する学校であり，平均教育費の入学者数分が行政から契約（チャーター）を結んだ民間主体に支給され

る。そして多くの州では，民間企業にも運営が許された。

　学力テスト体制のなかで，「評価」され「選択」され，入学者数に応じて公金を配分される学校として位置づけられたチャーター・スクールは，すでに1990年代後半から民間教育産業による新たな市場開拓に使われた。入学者分の1人当たり教育費が収入となり，さらにその運用については規制が甘く利潤を見込めるため，民間教育産業はテスト「結果」の上昇，厳しい規律への重点化などで保護者の人気を集めようとした。そして政府にとっては公教育制度を掘り崩す手段として，同時にミシガン州などでは教員組合を分断するアイテムとしても利用されるようになっていく。

　その活用が決定的となるのが2001年のブッシュ政権によるNCLB法（No Child Left Behind Act：一人の子どもも落ちこぼさない法律）であり，経済界の要求に応えた公教育の序列的再編が一気に推し進められた。州学力テストの「結果」が「年度ごとの適正進捗率」に達しなかった公立学校への「ペナルティ」が，年度を重ねるごとに重くなっていく。最も重いペナルティとして，目標達成に5年以上失敗した学校に対しては，公立学校として「閉鎖」して「チャーター・スクールとして再開」，「教職員の全部あるいは一部入れ替え」「学校運営の外部委託」そして「州への運営委託」などが課される。自治体によってその執行にばらつきがみられたが，改革に熱心な多くの自治体で，同法に基づいて公立学校は閉鎖され，一部は民間が運営するチャーター・スクールに代替されることになった。

　それが最も極端なかたちで行われたのがミシガン州デトロイト市である。改革当時人口の96％がアフリカ系アメリカ人で，自動車産業などの衰退を受け2013年には財政破綻する同市では，2008年，1度に72校という全米史上最大校数の学校閉鎖が行われている。デトロイト市の公立学校数の推移をみると，2003年に266校あった公立校は，2013年には97校と約3分の1に減少する。そしてNCLB法施行後，2005年以降の断続的な閉校と複数校の同一施設への統合（Consolidation），「失敗した学校」の学校運営権の州への委譲などが大量に行われた。小学校とミドルスクール（中学校）は統合された小中一貫校にま

とめられ，ときには，キンダーガーテン（幼稚園）からコミュニティ・カレッジ（短大）までを同一校舎に大規模「収容」する学校すら登場した。学校の条件整備は進まず，子どもにとって劣悪な教育環境が出現している。結果的に全市レベルで公立学校の切り捨てが行われ，全校種が閉鎖された地域ではコミュニティの崩壊が起き人口は急減した[8]。

3 グローバル都市，シカゴ市の教育改革

それに対して1980〜90年代に産業構造の転換に成功したシカゴ市では，公教育の全体的な「縮減」ではなく序列的な再編が大規模に行われた。とくに1995年シカゴ教育改革法制定以降，平等な教育サービスを提供する「近隣学校（Neighborhood School）」を廃止し，学校制度の多様化が進められていく。その際，制度運用による新たなタイプの学校の開設，チャーター・スクールといった設置主体の変更がその手法とされた。教育委員会が公選制から首長の任命制に改正され，教育長にかわる教育CEOの権限が強化されてからは，財界の教育要求をダイレクトに受けた学校再編が開始された。

教育社会学者のリップマン（Lipmann, P. 2004）は，シカゴ市の産業構造の転換に対応して，財界による「グローバル都市の教育手法（アジェンダ）」が求められたと分析する[9]。1967〜90年の間にシカゴ市の製造業従事者は54万6000人から21万6000人に減少し，逆に非製造業従事者は80万人から98万4000人に増加した。かつての製造業から，多国籍企業の本社，金融，情報，不動産，サービス業，ツーリズムなどへの転換に成功し，1990年代には大企業（2500人以上）の本社数は全米2位の「グローバル都市」となる。そこでは，大企業に勤務する「グローバル・エリート」と，その生活を支える地域の低所得サービス従事者という2つの「人材」が求められるようになる。後者は「8年生程度の学力を備え，清掃，サービス，運輸，医療，情報などの職種に就く地元の労働力」であった。厳格な規律を求める「ゼロ・トレランス」で矯正される従順さや礼儀正しさも求められた。その平均給与はかつての製造業より低くなり，貧困層であるアフリカ系アメリカ人やヒスパニックが充てられた。

製造業従事者が主流だった時代の平等な学校制度は過去のものとなり，グローバル・エリート向けに十分な資源配分がされる「入学選抜高校」が10校開設され，貧困地域の学校は閉鎖，統合，再編の対象となっていく。

　さらに2004年，当時のデライ市長と教育CEOアーン・ダンカンのもと，全市的な再編計画「ルネサンス2010」が公表される。それはテスト「結果」などにより「失敗した学校」を閉校し，「チャーター・スクール」などに置き換えるか「ターンアラウンド（Turnaround：学校の教職員の半分もしくは全部を入れ替える）」を行い，2010年までに新たな「ルネサンス・スクール」100校の開設を目標とするという大規模な民営化政策であった。閉校対象とされたのは，南部・西部のアフリカ系アメリカ人の居住地域の学校である。すでに1990年代後半から，それらの貧困地域を再開発し，郊外に住む富裕な白人層もしくは専門職などの有色人種層を居住させる地域再編計画を推し進めるため，住宅政策とセットで学校閉鎖が進められていた。いわゆる「ジェントリフィケーション（Gentrification：再開発）」の典型的な事例である。また，ターンアラウンドによってアフリカ系アメリカ人教師の比率は低下させられ，そのような点からも人種差別政策と指摘された。

4　対抗軸の出現

　それに対して，学校閉鎖および民営化に対する，対象地域のコミュニティ組織（ローカル・オーガニゼーション）と対象校の教師による共同がうまれていく。それは，「組合の活動家教師たちと地域活動家たちが，学校閉鎖の背景に人種差別とジェントリフィケーション（再開発）があることについて共通理解にいたった」[10]ことがその始まりであったと総括される。

　2003年，「ルネサンス2010」を地域限定で先取りする「ミッドサウス・プラン」が公表された。それは南部の20〜22校を閉鎖し「チャーター・スクール」などに置き換えていく計画を含む再開発計画であった。いち早く抵抗したのは，地元のアフリカ系アメリカ人のコミュニティ組織KOCOであり，中心となったのは地域オルガナイザーのジツ・ブラウンだった[11]。KOCOは，1963年に

公民権運動のなかでボランティア団体として設立され，ブロンズビルの貧困層や労働者階級のための雇用や住宅，教育などの課題を扱い，学習などを通して「コミュニティ・オーガナイジング」を行う団体として活動してきた。いくつかの活動に対して市から資金を獲得し，現在の専従職員は8名である。

このとき KOCO は，地域住民，学校評議会（ジツ自身が同年地元ディエット高校の学校評議員になったばかりだった）そして地域の学校の CTU の教師たちと共同して，議員への働きかけやデモ行進など反対運動を行い閉校計画を止めることができた。その運動についてのノウハウを，ちょうど同時期に自校を守る運動をしていた組合員の高校教師ジェシー・シャーキーらが共有した[12]。

2004年「ルネサンス2010」公表により，多くのシカゴ市内の閉校対象校名が公表された。その1つであったブロンズビルのエングルウッド高校廃校計画に対して，同校教師ジャクソン・ポッターが同僚教師，保護者らとともに閉校反対運動を組織するなかで，KOCO のジツと共同して高校生らによるストライキを実施した。しかし，同校は閉鎖され，校舎の半分はチャーター・スクールに転換されてしまう。

その後数年間，当該校の組合教師たちと地域活動家たちは共同して閉校反対運動を行っていった。しかし，その時点のシカゴ教員組合執行部は労使協調路線をとっていたため，統廃合への反対や地域に対する支援は表面的なものにとどまった。

2008年，閉校予定となった中学の教師クリスティーン・メイルは生徒のことや生涯在職権のない自分の将来の職について不安を覚え，組合に助けを求めた。しかし執行部は何もしてくれなかった。それとは別のメンバーたち，近隣校の教師たちなど数人が放課後集まった。「学校が閉校リストに載ったとき，それを止めるためにどうやってコミュニティを組織できるかを知るために集まるのは当然のことだった。私たちのコミュニティなのだから。それが CORE の始まりだった」[13]とメイルは述べる。その後，ポッターら約20名が集まり，学校閉鎖反対運動について記録を作成し会合を続けるなかで，「訴えを集め，コミュニティの仲間を巻き込み，閉鎖と戦う異なった方法を示し，コミュニ

表 5.1　シカゴ市で進められた閉校計画と CORE とコミュニテイ組織の連携

年	閉校計画	CORE と地域組織の連携	参加したコミュニテイ組織
2003	20〜22 校閉校 「ミッドサウス・プラン」	KOCO が阻止 ノウハウを組合教師が学び運動に	KOCO
2004	「ルネサンス 2010」 公立 100 校を閉校「チャータースクール」などにする計画		
2008		教師たちが CORE 結成 草の根教育運動	KOCO・Blocks Together・Pilsen Alliance など複数
2008 ｜ 2009	22 校閉校計画が公表される➡運動により 16 校閉校もしくは「ターンアラウンド」	CORE とコミュニティ組織が共同して抵抗を開始	KOCO など多数
2009 ｜ 2010	14 校閉校計画が公表される ➡運動により 6 校のみ閉校もしくは「ターンアラウンド」		
2010 ｜ 2011	8 校を閉校,「ターンアラウンド」,統合,フェーズアウトの計画が公表される➡6 校は運動で阻止		
2011 ｜ 2012	17 校が閉校,「ターンアラウンド」フェーズアウト,6 校がチャーターと校舎共有計画が公表される➡23 校は押し通される	CTU,親,教師,コミュニテイメンバーらと閉校勧告に備え 親によるデモ行進,閉校対象の Piccolo 小学校を親が占拠	多くの団体 BlocksTogether
2012	教委でダイエット高校廃校決定,「フェーズアウト」に（2 月）	ストライキ準備 デモ行進などに地域団体が多く参加 CTU 9 日間ストライキ コミュニティ団体,親団体,生徒団体も多く参加 子ども受け入れに「フリーダム・キャンプ」を地域組織が提供	KOCO・The Albany Park Neighborhood Council・Logan Square Neighborhood Association・Action Now　など KOCO など多くの団体 Logan Square Neighborhood Associationi など
2013	50 校閉校計画➡47 校が閉校		
2015	ダイエット高校代替案公表されるも採択されず（3 月）	ダイエット高校親,KOCO メンバーらが 34 日間ハンガーストライキ（8 月 17 日〜）	KOCO など
2016	ダイエット高校が地域高校としてリニューアル開校（9 月）	CTU が労働協定をめぐる団体交渉で SCS（持続可能なコミュニテイ・スクール）を獲得（9 月）	
2018	CPS が 20 校の SCS を公表		KOCO・Blocks Together・Logan Square Neighborhood Association など 10 組織がパートナーとして認可

出所：Alexandra Bradbury ら（2014）How to jump-star your union lessons from the Chicago teachers., Mark R.Warren（2018）Lift us up Don't push us out. などより筆者作成

ティの人々の知恵を引き出す」より大きな組織化がめざされていった[14]。

　2008 年，CORE は学習グループとして正式にスタートする。当初，学習会ではナオミ・クラインの「ショック・ドクトリン」を読み，ニューオリンズの洪水後の災害便乗型の公立学校の民営化について学習した。CORE は，検討

課題として定番の「賃金，付加給付，労働条件，雇用の安定」をあげたが，「労働条件」のなかには「学級規模，"痛み"を伴う学力テスト体制，公選制教育委員会，親や生徒との共同」が含まれ，「雇用の安定」のなかで「学校閉鎖の終結」をトップにあげた点はそれまでにない画期的なものだった[15]。

　さらに組合内グループとして草の根運動を進めるなかでメンバーを増やし，2010年，執行部選挙の再投票で勝利しCTUの主導権を獲得する。

　表5.1は，次々と市側が打ち出す学校閉鎖計画に対してそれを止めるための教師たちと地域の活動の経緯を示したものである。2008年度に22校，2009年度に14校，2010年度に8校，2011年度に11校の閉校計画が公表され，さらには2013年には50校の閉校計画が公表されつづけた。保護者，地域組織，CTUは連携してそれに抵抗運動を続け，複数の学校を維持することに成功している。その活動には，以下の示すいくつかの特徴がみられる。

　■コミュニティ組織との連携

　COREが発足当初の2008年にコミュニティ組織や全市規模の親団体などとともに「草の根教育運動（Grassroots Education Movement：GEM）」という組織を結成したことは，大きな意味をもった。組合員教師のブランドン・ジョンソンは次のように述べる[16]。

　　歴史的にみて，これまで教員組合と有色人種の親たちの間には断絶があった。草の根教育運動（Grassroots Education Movement，GEMと略される）と呼ばれるコミュニテイ・テーブルを新たに作ることによって，我々はそのことを突き付けられた。親とコミュニティ組織はパートナーとして組合とそのテーブルに座った。彼らの意見は我々にとって重要で，我々の新しいプログラムづくりを助けた。

　　CTUのプログラムは，十分に予算化された教育：小規模学級の実現，施設の改善，資金や学校規律の不平等の改善，より多くの学校看護師やカウンセラーなど包括的なサービスの整備，芸術や音楽や体育クラスの増加，そして我々が行うすべてのことに親をパートナーとすること，を求めるよ

うになった。

　これらの教育条件整備改善要求はその後の CTU の活動の方向性を決定し，その後のストライキでも CTU の中心的な要求として掲げられ，親，地域住民の支援を得ることにつながった。

　さらに，CORE が組合の主導権を得てからは，コミュニティ組織や親の声を聞くチャンネルを常設するために 15 の組織（現在は 30 組織）からなる「コミュニティ・ボード」を開設した。2010 年 7 月には共同して教員解雇や学校閉鎖に対してデモ行進を行っている。当時，市内には多くの政治家とチャンネルをもつ非営利団体や組織があったが，CORE はそのような団体ではなく，親や住民の学習を行うコミュニティ・オーガナイズの伝統をもち，CTU の方向性に合った人種差別を批判するような団体を選んで連携したという[17]。

■各学校レベルの「学校自治」の組織

　それまでのトップダウンの組合から徹底したボトムアップの「組織型」への移行が行われた。まず，それまで形骸化していた各学校の「代議員」を活性化していった。CORE のメンバーが協力して，学校での信頼を取り戻すために，まず親と信頼関係をもつことに努力が費やされた。親は自分たちを非難する存在であるという意識を変えるためには多くの会議を要したという。さらに代議員たちは，学校の問題を上に訴えるのではなく，学校内の会議で現場の自分たちの問題を共有して解決していこうとするようになった。代議員の仕事のトレーニングやワークショップが開催され，たとえば学校閉鎖をテーマにするような場合などに，KOCO などのメンバーも参加した。

■ローカルオルガナイザーの配置

　CORE は組合の主導権を得た際に，それまで組合執行部が得ていた高額な給与を廃止して，ローカルオルガナイザー 4 名（のちに 5 名）を配置した。それは，地域組織との連携にも学校自治の形成にも大きな進展をもたらすことになった。各オルガナイザーは 1 人 150 校の学校を担当し，閉校が勧告された学校での運動の組織化などさまざまな問題に対応していくことになった。

このように学校を核として CORE による地域との共同と学校自治が形成されていきつつあった 2011 年，元オバマ政権参事ラム・エマニュエルが市長に選出される。彼は従来の組合との労使協調路線を変更した強硬な教員政策を開始し，生徒の達成率に基づいた教員評価の導入，勤務時間の延長，ストライキ実施には 75％以上の投票が必要などの法改正を強行した。

　4 年ごとの労働協定（コントラクト）改訂の団体交渉において「労働時間を 2 時間延長してスタッフ増員はなし」といった市側の多くの要求に反発した CTU は，2012 年 9 月に 25 年ぶりに 9 日間（2 日間の休日をはさみ実質 7 日間）のストライキを行うことになる。それは，結果的に多くの親，地域住民，地域団体そして生徒たちの支持を得るものになった。親や住民たちにとって，「教師の労働条件は子どもたちの学習条件である」という認識が数年の間に浸透していたのだ。

5　ディエット高校を守るためにハンガーストライキ

　この時期，市側は公表した多くの閉校計画を進めていった。表 5.1 にみるように，ブロンズビル地域のディエット高校が閉校リストに載ったことで，KOCO をはじめ地域団体は CTU などとも協力して組織的な反対運動を進めていくことになる。

　学校「多様化」政策によって豊富なプログラムをもつエリート校と，予算やプログラムを削った安上がりな非エリート校に再編されていくなか，ディエット高校は後者に属する学校となった。1999 年に近隣高校がエリート養成向けの「入学選抜校」にリニューアルされたため，強引に中学から高校に変更され，その後，徹底的に予算が削減されていった。高校変更に際して AP クラス（大学進学向けクラス）は 1 科目も開設されず，施設設備は「不適切な体育施設」，雨漏りのする天井などがそのままに放置された。

　それに加えて近隣の小・中学校 20 校が 1990 年代後半から次々と廃校にされ，地域の子どもたちは「アンカー（拠り所）」を失い，学校から学校へと渡り歩かなければならなくなった。コミュニティの高校も 4 校廃校になった。とくに

2006 年に隣接するエングレウッド高校が閉鎖された際に，何の財政的支援も
ないまま，生徒たち 125 人の「受け入れ校（Acceptance School）」にならなけ
ればならなくなった。校内で異なったギャング地域組織の青年たちが抗争を行
うような事態が出現した[18]。

　そのような状況に対してジツら評議員は，青年たちが学校や地域で仲間を組
織できるように，青年の組織団体 Voices of Youth in Chicago に依頼し，教員
の専門性を高めるためにメンターシップ・プログラムを導入するなど改善に努
めた。カレッジ進学率は 41％上昇し，暴力的な行動も減少した。さらに，学
区の小学校の親たちに働きかけ，地域のプレ・キンダーガーテン（幼稚園年少
クラス）からハイスクール卒業時の 12 年生まで，高い質の教育を受けられる
ようなビジョンの構想を開始した[19]。

　しかしながら，2012 年 2 月，シカゴ教育委員会は，「テスト達成度が低い」
ことを理由にディエット高校の募集停止，数年後の閉校（fade out）について
投票を行い決定してしまった。教育条件はさらに悪化させられ，2011 年には
副校長と美術教員枠もカットされた結果，美術や体育はパソコンによるオンラ
イン授業となった。

　閉鎖方針に対して，生徒たち，KOCO，親と住民たち，そして CTU は反対
運動を開始した。生徒たちは KOCO に相談したうえで，34 人が連名で連邦公
民権苦情申立てを行い，学校閉鎖がアフリカ系アメリカ人コミュニティに集
中していること，その政策は人種差別であることを訴えた。

　そのような地域の活動や訴えを無視して市長は，ディエット高校を閉鎖後
チャーター・スクールとして再開することを提起する。しかし，運動側は地域
高校としての継続を望んだ。そこで，KOCO，ローカルオルガナイザー，大学
教員らが代替案として「ウオルター・ダイエット・グローバルリーダーシップ
＆グリーンテクノロジー高校」案を作成した。それは，ディエット高校を「地
域の学校」として存続させ，同校に進学する地域の小・中学校 6 校の「持続可
能なコミュニティ・スクール・ビレッジ」の「ハブ」とする計画でもあった。
しかし，この学校プランは市側には採択されなかった。

市側の拒否に対して，2015 年 8 月 17 日から，ジツら地域団体のメンバー，生徒の親および祖母ら 12 名が，最後の手段としてハンガーストライキを決行する。このハンガーストライキは，メンバーが病院に運ばれたりしながらも 34 日間続けられ，ニューヨーク・タイムズなど全国紙の表紙を飾るなど社会的な注目を集めた。結果的に，2016 年 9 月，ディエット高校は，チャーター化されることなく，入学者選抜を行わない地域高校，ただし美術や音楽など「アート」を特色としてリニューアル開校されることになった。

6　持続可能なコミュニティ・スクールの登場

　2015 年 3 月，ディエット高校閉校をめぐる紛争が続いているなか，CTU は翌年に迫った労働協定の改訂に向けて教育要求を公表した。そこには学校閉鎖とチャーター・スクールの拡大を一時的に停止する」といった内容とともに「持続可能なコミュニティ・スクール（Sustainable Community School）」が含まれていた。交渉の結果，新たに結ばれた労働協定のなかに「2019 年までに 20～55 校の持続可能なコミュニティ・スクールを開設する」という組合側の要求する内容が盛り込まれた。

　「低所得の有色人種の子どもたちが通う学校に必要な，アカデミックな進展と充実の手段として包括的な資源をもたらす SCS」は，テスト「結果」による学校閉鎖・チャーター・スクール化モデルへの対抗軸として位置づけられたものであるとパートナー団体は捉えた[20]。また，CTU は，SCS は一時的な「ワンショット」の支援ではなく貧困層の子どもたちや家族の継続的な支援をしていくと述べている。

　SCS に認可されるには，学校は「リード・コミュニティ・パートナー」を確定することになる。2018 年 8 月に，エマニュエル市長が認可した 20 校（小学校 12 校，高校 8 校），およびセットで認可された「パートナー」組織には KOCO，Blocks Together，Logan Square neighborhood Association など CTU と学校閉鎖問題で継続的に連携してきた市内貧困地域の団体が含まれていた。それぞれの学校には 1 チーム当たり年間 50 万ドル，総額 2000 万ドルが市から

予算化された。KOCO はディエット高校および近隣のドレイク小学校，2校のパートナー団体となった。SCS は，以下のように定義される[21]。

> 包括的な子どもの教育の戦略を提供する実証に基づいた学校改善モデルであり，学校の成功のために6つの柱をデザインし実行する過程に学校コミュニティを導いていく。6つの柱とは，カリキュラム，教師の支援，包括的サービス，生徒中心の学校環境，親とコミュニティの関与，そして包括的な学校リーダーシップである。

実際には，KOCO は SCS コーディネーターとして新たなスタッフ2名を配置し，SCS について親たちのワークショップを定期的に開催している。さらにジツは，カリキュラムチームを組織し，パートナーとなった学校の教員の専門性開発をするために，「持続可能性」をカリキュラムに加えるように計画中であると述べる。

また，学校運営について地域組織と CTU が定期的に協議を行うことが協約に盛り込まれた。調整役として市当局に「SCS マネージャー」が新たなポストとして配置されることになった。さらにコロナ禍で，学校再開に向け2020年6月に CTU が出した要求の1つに SCS の拡大があげられている。

7 学校閉鎖を契機に生まれた対抗軸

学校閉鎖は，生徒や地域にとっても大きなダメージを与え，教師にとっても雇用を失わせる。とくにターゲットになったアフリカ系およびヒスパニック系の貧困地域の学校閉鎖は，生徒から「拠り所」を奪い暴力を助長しただけでなく，コミュニティの崩壊につながるものでもあった。

しかし NCLB 法に代表される「失敗した学校」を救済するという「教育的理由」で閉校措置が計画化され，「失敗」の原因を教師に求めるような「アカウンタビリティ」政策のもとで，教員組合が組織的に批判することが困難な状況が生まれていた。その極端な政策が「ルネサンス 2010」であり，じつは経

済政策，人種差別政策でありながら，子どもの救済，チャーター・スクールなどでよりよい学校を地域に提供するというロジックが用いられた。

　それに対して，KOCO などコミュニティ組織が従来主張してきたように，教師たちは，"地域の学校は「失敗」した学校ではなく，政策的につくられたものである"という事実を共有し，"企業や行政が経済的理由のために閉鎖や民営化を進め，それは人種差別的な政策でもある"という見解を獲得することができた。さらに親は自分たちの味方であることを確信することで新たな共同が生まれ，教育改革に対する対抗軸が形成されていった。そのなかで，CTU の主導権を得ていった CORE の「社会的正義，教育正義のための組合」，子どものための教育条件整備要求を全面的に掲げた教員組合という方向性が明確にされていった。

　ディエット高校の事例は，その積み上げられた共同が極端な学校閉鎖政策に対抗したものであり，別のモデル，すなわち「持続可能なコミュニティ・スクール」へ市が政策転換を余儀なくさせられていった経過とみることができよう。またその制度構想については，コミュニティ組織と学校がパートナー関係を有し，カリキュラムやサービスを含む学校計画をデザインしていくという新しい可能性を示している。

深い学びのための課題
1. 教師たちと保護者，地域住民たちは，どうして共同することができたのかを話し合ってみよう。
2. ディエット高校を守るために，保護者やコミュニティ組織のメンバーはなぜハンガーストライキまで行ったのか考えてみよう。

注
1）兼子仁（1978）『教育法［新版］』有斐閣。「自律的な教職員集団と，児童生徒集団・父母集団によって組み立てられる『教育自治体』」とする「学校自治」論に対して，教育の住民自治，「教育の地域自治」を土台として「学校自治」論を展開する鈴木英一らの議論がある。鈴木英一「教育行政の課題」（1992）鈴木英一他編著『教育と教育行政—教育自治の創造をめざして』勁草書房。

2 ）榎景子（2020）『現代アメリカ学校再編政策と「地域再生」─学校統廃合か，地域と教育の刷新か』学文社，175-194頁。

3 ）Ewing L. Eve.（2018）*Ghosts in the Schoolyard*, University of Chicago Press.

4 ）たとえば，山下晃一（2002）『学校評議会制度における政策決定─現代アメリカ教育改革・シカゴの試み』多賀出版など。

5 ）Bradbury Alexandre, Brenner Mark，Brown Jenny, Slaughter Jane & Winslow Samantha（2014）*How to jump-start Your Union─Lessons from the Chicago Teachers*. A Labor Notes Book, pp. 79-80.

6 ）CORE の運動が組合に影響を与え，全市規模のストライキにつながったケースとして，オークランド，ウエストバージニア，バージニア，ロスアンジェルスなどの事例がある。

7 ）Fuller, V.（2000）*Inside Charter School*, Harvard Press, p. 50.

8 ）山本由美（2014）『教育改革はアメリカの失敗を追いかける』花伝社，114-116頁。

9 ）Lipmann, P.（2004）*High Stakes Education*, p. 23-40.

10）Bradbury, *Ibid*, p. 13.

11）Brown Jitu（2018）#Fight for Dyett: Fighting Back Against School Closing and the Journey for Justice，Mark R. Warren, *Lift us up*, *Don't push us out*, Beacon Press.

12）Bradbury, *Ibid*, p. 14.

13）Bradbury, *Ibid*, p. 17.

14）Bradbury, *Ibid*, p. 17.

15）Bradbury, *Ibid*, p. 21.

16）Brandon Johnson（2018）Fighting for Teachers, Children, and their Parents, Mark R. Warren with David Goodman, *Lift us up*, *Don't Push us out*, Beacon Press, p. 77.

17）Bradbury, *Ibid*, p. 76.

18）Brown. J. *Ibid*, p. 48.

19）Brown, J. *Ibid*, p. 49.

20）Blocks Together, Blocks Together wins two Sustainable Community Schools, http://www.btchicago.org/blocks-together-wins-two-sustainable-community-schools.

21）Journey for Justice Alliance Flyers（2020）*Sustainable Community Schools*.

引用・参考文献
榎景子（2020）『現代アメリカの学校再編政策と「地域再生」』学文社

山本由美（2014）『教育改革はアメリカの失敗を追いかける』花伝社

Ewing, E. L.（2018）*Ghosts in the Schoolyard*（『校庭の幽霊』）the University of Chicago press.

　本章は２つのパートに分かれている。前半■では，ドキュメンタリー映画「みんなの学校」の舞台となり，教師たちの自主的な教育改革によって広く世間に知られることとなった大阪市立大空小学校（以下，大空小）の初代校長木村泰子が，大空小をつくり上げるうえで大切にしていた理念について論じている。読者は木村の論考を通して，公立学校が理念とすべきことは何かを知ることができるとともに，学校で教師として生きることの豊かさにも目を開かれることになるだろう。

　後半■では，筆者（小国）が，木村の論考から学んだことを改めて読者とともに考えるとともに，大空小の改革を教育行政主導の学校改革の歴史におき直すなかで，現代の学校改革の可能性と問題点について検討してみたい。

■ 『みんなの学校』をつくる—パブリックの学校の理念「すべての子どもの学習権を保障する学校をつくる」—

（1）『みんなの学校』とは

　「みんなの学校」は，大空小の代名詞ではなく全国のパブリックの学校の代名詞である。パブリックはみんなのものである。その地域に生きるすべての子どもが安心して自分らしく学ぶ居場所がある学校が「みんなの学校」である。

　貧困な家庭に生まれようと，「障害」があると診断されようと，すぐに暴力をふるってしまう子どもであろうと，子どもはすべて地域の宝である。10年後・20年後は地域をつくる大人になるのである。子どもはしてもらったようにして返す。残念だが，やられたようにやり返すのも子どもである。学校が変われば地域が変わる。地域が変われば社会が変わる。現在の多様な価値観があ

ふれる社会のなかで生まれて育ち，義務教育を受けるのである。椅子に座れない子どもがいるのが当たり前である。親の言うこと・先生の言うことをそのまま何も考えずに聞く子どもを育てていたら，10年後の社会で通用しない。すべての子どもが「自分から自分らしく自分の言葉で語る」事実を地域の学校につくることが教員の仕事である。

　子どもの周りのすべての大人が「できるときに　できる人が　無理なく　楽しく」の合言葉で，地域の子どもと大人が学び合う関係を地域の学校につくっていかないかぎり，すべての子どもの命は守り切れない。学校に一人でも多様な大人の姿があることが画一的な学校の空気を多様な空気に変え，社会につながる学びを獲得できるのである。

　「今日は誰が困っているかな…」と，その日，困っている子どものそばにそっといてくださる地域の大人が増えれば増えるほど子どもは安心する。学校と地域の連続した子どもの安心感を生むのである。

　地域の学校は，校長のものでも教職員のものでもない。パブリックの学校は地域住民のものである。教職員は転勤や退職があり，年数がたてば地域の学校から去る「風」の存在である。地域住民はその地域に地域の学校がありつづけるかぎり，「土」の存在である。「土」を耕しつづけてもらえればどんな「風」が吹いても地域の学校は根を張り，少々揺れ動いても必ず復元する力をもつ。そんな地域の学校で育ち合う子どもは自分の地域を大切にし，目の前の大人にあこがれをもち，自分が大人になったら同じように地域の学校の「土」になっていくであろう。

　すべての子どもは大人の前では弱者である。一人で生きていくことはできないのである。親が子どもを育てる時代とは言い切れなくなった今，地域の大人が地域の子どもを育てる時代である。誰一人見逃すことなくすべての子どもが安心できる地域の学校が「みんなの学校」なのだ。

（2）学校のあり方を問い直す

①自分をつくる

「子どもは何のために学校に来るのでしょう？」

　全国の先生方と学び合うなかで，よくこの問いを投げかける。すると，ほとんどの先生方が「学ぶ」ことの本質を言葉にする。つぎに「授業のなかでその力をどのようにつけていますか」との問いには，多くの先生方が言葉に詰まる。

　「授業がどのように変わりましたか」「学校がどう変わりましたか」との問いには残念な言葉しか返ってこない。

　「みんなの学校」大空小は，2006年4月に大阪市に約300番目の学校として開校した。その当時，地域格差を感じていた住民たちは開校に反対であった。学校の建つ地域に対する偏見であった。「大阪市立大空小学校」という名は地域名ではない。生みの苦しみからつけられた校名である。このような地域の空気のなかで地域のパブリックの学校がどうあればいいのかについて悪戦苦闘した9年間であったが，何よりも大切にしてきたのは，それぞれの子どものもつ多様な「自分らしさ」をいかに高め合い育てるかということであった。

　人と人のちがいを対等に学び合う環境をつくる。そのためには，大人が正解を押しつけることなく，正解のない問いを問いつづけることであった。子どもが学校で学ぶ最上位の目的は「自分をつくる」ためである。

②学校はあるものではなくつくるもの

　すべての子どもは，地域の宝である。貧困であれ，どれだけ重度な「障害」のある子どもであれ，虐待されている子どもであっても，すべての子どもは未来の地域社会をつくる宝である。すべての宝が安心して学ぶ場があるのがパブリックの学校である。

　子どもはそれぞれに生まれてから小学校に入学するまで一人ひとりの透明のリュックを背負っている。20年前・30年前の社会のニーズとちがうなかで生まれて育っている。就学するまでの経験値はさまざまでそのちがいは大きいものがあって当たり前である。愛されて育った経験値をもつ子どももいれば，虐待されながらも必死で生きてきた子どももいる。そんな多様な子どもどうしが

対等なちがいを尊重しあって学び合う場が学校です。従前の画一的な学校の当たり前を子どもに押しつけていては，「学校」から「収容所」と名前を変えなければならないのではと思ってしまうことも残念ながらある。アウェイからのスタートをどう強みに変えるかを考えつづけた開校当初に学んだことは貴重であった。あそこの学校は「いい学校」，あの学校は「行きたくない学校」，「今年の担任は当たり／はずれ」などの声が聞かれる従前の学校文化をぶっ壊すところから始めた。学校が地域にあるから行くのではなく，自分の学ぶ学校を自分がつくるのである。与えられる学校ではなく，自分の学校を自分がつくるというビジョンをみんなで共有し，行動に移した。すべての「人」が学校をつくる当事者になる仕組みを考えたのである。

学びの主体の子どもが自分の学校を自分がつくる
子どもが学ぶ学校を保護者が自らつくる
地域の宝が学ぶ学校を地域住民が自らつくる
自分の働く学校を教職員が自らつくる

　自分がつくる自分の学校である。子どもも大人も「みんなの学校」を大事にした。「自分の学校や自分が好きですか」との調査では，「常に好き」と答える子どもが90％を超えていた。それは，自分が学校づくりの当事者になっているからである。学校という学びの場にいる子どもと大人のすべての人が当事者になって自分の学校を自分がつくるのだから，居場所のない子どもがいないのは当たり前である。

　「自分をつくる」ために子どもは学校に来るのである。一人ひとりの子どもはみんな自分らしい「自分」をもっている。「ふつう」や「特別」のスーツケースに入る子どもは誰一人いない。一人のかけがえのない価値をもった自分がそれぞれのかけがえのない自分をもった他者を尊重しあい学び合う場が学校である。

（3）すべての子どもを多方面から見つめ全教職員のチーム力で育てる

①目的と手段を混同しない

　パブリックの学校の最上位の目的は，「すべての子どもの学習権を保障する学校をつくる」ことである。言い換えれば，誰一人，学校に安心して学ぶ居場所がない子どもをつくらないことである。学校は子どもが「自分をつくる」学びの場である。10年後の社会で，なりたい自分になるために必要な学力を獲得する場である。10年後の社会はどんな社会が待っているのかと，いつも職員室でさまざまな大人どうしが雑談することである。大空小では10年後の社会を想定し，子どもが帰宅したあとの職員室では毎日の雑談を大切にしていた。そのなかで，次のキーワードが生まれた。それは「多様性」「共生」「想定外」である。「おはよう」から「さようなら」までの一日の学びの場が多様な空気のなかで，ちがいをもつ子どもどうしや大人が対等に学び合い，想定外を生き抜く力を子どもが自ら獲得する学校づくりが必要不可欠だ。10年後の社会で生きて働く力をつけることが学校教育の目的である。この目的のためにあらゆる手段を生み出し，行動する教職員のチームがなければすべての子どもの学習権を保障する学校づくりは不可能といっても過言ではない。

②悪しき学校文化を断捨離する

　画一的な授業を断捨離（だんしゃり）するために担任制を廃止した。担当制に変え，チームで授業計画を立てた。子どもの状況に応じて授業者が変則に変わるのである。一人の子どもにとっては，もちろん，当たりもはずれもあります。一時間の授業の課題とまとめが外れないかぎり，授業は進む。従前のように，記憶の量をインプットしてペーパーにアウトプットする授業で獲得する学力は，10年後の社会のニーズには通用しない。

　じょうずな授業をめざすことを目的にしていたころは，教材研究や授業の準備に多くの時間をあて，授業のなかでの困っている子どもの姿に目が向かなかった。いかに教えるかに終始していたのである。ところが，授業の主語を「子ども」に変えると，子どもがわかる，子どもがわからない，子どもが困っている，子どもが安心する，子どもが不安がっているなど，子どもの姿をみて

授業をつくるようになった。困っている子どもが困らなくなる授業づくりに視点を向けた。なかでも,「わかりましたか」との言葉は使わないようにした。代わりに「わからないところはどこですか」と,問うようにしたのである。言い換えると,子どもに「はい」と言わせる言葉かけを断捨離したのである。目の前の子どもが安心して学んでいるかどうかの評価を「自分から　自分らしく　自分の言葉で語る」子どもの姿においた。

　授業参観も断捨離した。これは子どもの声から大人がやり直しをしたのである。開校当初は何の疑いもなく当たり前に学習参観日があった。参観後に子どもから,学校は自分がつくるところなのに,どうして参観日は見せる授業になるのかと問われたのである。理由を聞くと,先生たちは普段の服からいい服に着替える・普段の授業とちがったカードなど黒板に貼る。まだ発言していない人はいないかなど,普段言わないことを言う。いつもなら怒りそうなことも笑っているなど,普段の授業とちがって見せる授業になっているのはおかしいのではないかというのだ。これらの子どもの声を職員室のみんなで共有し,対話を重ねるなかで学習参観日を断捨離することにした。

　すべての人が当事者にと言いながら,まだまだいい学校・いい授業・いい先生を見せることに時間をかけていたのである。

　③主語を「子ども」に変える

　「先生が…」を「子どもが…」にチェンジした学校づくりにチャレンジすると,従前の当たり前がいかに画一的で子どもを「正解のスーツケース」にはめ込もうとしていたかに気づいていった。集団をつくり集団を育てることに視点を向けていた過去の指導に気づいていった。「みんながすることはあなたもしなさい」「みんなががんばっているのにあなたもがんばらなくては」「みんなに迷惑ですよ」「みんなのために…」こんな言葉を指導の言葉として使っていた過去の当たり前が,「個」の姿が育つという目的を考えると通用しなかった。

　教えるプロになることが教師の力だと自負していたベテランの先生たちが,一度はとことん落ち込みながらも「子どもに学ぶプロ」に自分を変えていった。そんな先輩の姿を目の前で感じる新しい若い先生たちは,たやすく自分を「学

びのプロ」に変えていくチャレンジを続けた。

　子どもが学ぶ・子どもどうしが学び合う授業をつくることが9年間の研究
テーマであった。これでいいと思う授業ができなくてテーマを変えることがで
きなかったのである。どんな授業をするかではなくその授業のなかで子どもの
学びに向かう姿はどうであったか，なかでも一番困っている子どもはどの子で，
この子が困らなくなるためにどんな授業をつくればいいのかといった視点で，
日々の授業を大切にした。子どもが「自分をつくる」ために授業がある。それ
ぞれの個性をもつ子どもどうしがいつもいっしょに学び合うのである。従前の
学校の当たり前であった「障害」を理由に子どもどうしの関係性を分断するこ
との必要性は皆無であった。それどころか，子どもどうしの関係性に格差をつ
け，差別や排除を教えてしまっていた過去をやり直すことに行きついた。

　その手がかりとして，すべての子どもに必要な学力を見える形にした。

④学力の定義を明確にする

　学力の定義を明確にした。点数で測れる学力を「見える学力」とし，10年
後の社会で生きて働く学力を「見えない学力」としたのである。前述した全国
の先生方への質問では，さすがに「見える学力」が大事だとの声は返ってこな
い。思いやりや，人とともに生きる力などと言われる。ただ，その学力をつけ
るための授業は，「見える学力」だけを優先した授業になってしまっているの
だ。

　「みんなの学校」では，「多様性」「共生」「想定外」のキーワードが待つ10
年後の社会で生きて働く力を次の「4つの力」として見える形にした。

「人を大切にする力」
「自分の考えを持つ力」
「自分を表現する力」
「チャレンジする力」

　この「4つの力」を子どもが自分で獲得するのである。学校でのすべての時

間にこの4つの力をつけることが学びの目的です。重度の「知的・自閉」と診断を受けている子どもや，人とのコミュニケーションがうまくいかないことで「発達障害」とのレッテルを貼られている子どもも，すべての子どもに必要なこの「4つの力」を学校生活のすべての時間で子どもが獲得することを学びの目的として，子どもと全教職員が共有し，スクールレターなどで常に地域住民に発信しつづけた。「見えない学力」を優先した学校づくりをしてきた結果として「見える学力」は大きく伸びていた。「見える学力」を優先していたら，すべての子どもがいつも一緒に学び合うことが当たり前の空気はつくることができなかったような気がする。

　大空小の開校から9年間は，学校での居場所を失った子どもたちが全国から50人を超えて転居し転入してきた。この子どもたちのほとんどが，〈いじめられた〉〈通常学級に入れてもらえなかった〉〈先生に怒られておびえていけなくなった〉〈苦しかった…〉〈迷惑がられた〉などの理由で「障害」の手帳を持っている子どもがほとんどであった。こんな子どもたちが，「みんなの学校」には当たり前のように来るのだ。この子どもたちに，いつも教えてもらうことがあった。前の学校には行けなかったのに，大空小にはどうして来るのかを聞いたところ，多くの子どもから同じような言葉が返ってきた。「空気がちがう」との言葉である。前の学校の空気はどんな空気だったのかとの問いには「刑務所」「牢獄」「独房」と語る。刑務所の理由を説明してというと，3つのことを言葉にする。「思ったことを言うと，黙りなさいって言われる」「椅子に座っているのがつらくなって立ったら，動くなと言われる」「教室の空気が吸えなくなって苦しくなって逃げだしたら出ていくなと言って連れ戻される」。とても残念な言葉だが，これが画一的な従前の学校文化に困らされている子どもの事実なのだと，私たちはそのつど，自分を見直しやり直す日々だった。この子どもに大空小はどんな空気かと聞くと，「ふつう」って淡々と返してきた。自分のマイペースで学ぶ居場所があることが，子どもの「ふつう」なのである。

　「自分をつくる」ために，すべての子どもが子どもどうし学び合う場が学校である。「みんなの学校」づくりにゴールはないのである。

（４）「みんなの学校」を阻んでいる日本の学校現場の問題

　大空小の開校時，発生・発達に障害があるといわれた子どもは１名からのスタートした。それが，９年目には50名を超えていた。次から次へと，ほかの公立小学校から排除された子どもが引っ越しをし，転入してくる事態が続いた。授業が進まないことで，担任が困る原因を子どもに置き換え，発達検査を受けるように促し，「発達障害」と診断されれば通常の学級から排除するといった状況が今も全国各地で続いている。国がインクルーシブ教育をと唱えていながら，とくにこの２・３年は「障害」を理由に子どもどうしの関係性を分断するシステムが採用され，インクルーシブ教育の目的とは乖離した教育が当たり前になっていく学校現場が依然として増加傾向にある。

　大空小を去ってから５年が過ぎたが，この間47都道府県の全国の学校現場のかかえる課題をつぶさに学ぶ機会を得た。困っている現場の多くは，学校のいう「ふつう」のくくりに入らない子どもへ「特別」の場での学習を言葉巧みに勧める実態が共通していた。地域のみんなと一緒に学ばせたいという保護者の願いに「みんなといっしょの教室を選ぶなら支援を受けられないですよ」と公然と発言する校長。その言葉に「特別」での選択を余儀なくされる保護者の声は，「みんなの学校」に子どもの「ふつう」への希望を見いだす。

　また，「通級」という学校にとって都合のいいシステムが提唱され，子どもどうしの関係性を巧みに分断し，見えない排除を生んでいることも大きな問題だと感じている。このような空気のなかで学校での学びの居場所を失う子どもがどれだけ増えているかに目を向けなければ，すべての子どもの学びは保障できないはずである。通常学級の担任と特別支援学級の担任の責任のなすり合いや，学級担任を任せられない教員に特別支援学級を担任させるなどのあってはならない学校現場の事実も直視しなければならないであろう。

　さらに，勇気を出して通常の学級を選んだことでいじめを受け，学校に行けなくなっている子どもが増えているだけでなく，自分が周りの子どもたちとちがっていることで自信をなくし，閉じこもる子どもも後を絶たない。家族の苦しみは他人には計り知れないものである。あってはならないことだが，かけが

えのない命までなくそうとするケースもまれではない事実を突きつけられている。これらの事実は語られることが少なく，言ってはいけないことのような空気が全国に蔓延している。批判ととられることに躊躇してしまうのである。事実を語ることと批判することは大きくちがう。今現在，困っている子どもがこれだけ増えてきている学校現場で，困っている子が困らなくなる学校の空気をつくるにはどうすればいいかをすべての大人が問い直さなければ「いじめ」や「不登校」といったレッテルは社会から消えることはないだろう。

①「分ける教育」や「分けない教育」を議論する前に

インクルーシブ教育をとの声に，「分ける教育」を推進し，特別支援教育を充実させることがその成果だと自負している学校現場が多いことに驚きをかくせない。特別支援教育を「医学モデル」で語る専門家に惑わされている現場の教員や保護者が多いことも子どもが困らされる原因の1つになっている。支援の必要な子にとって必要な学力をつけるために，みんなとちがう教室を進められるのである。それも学校の都合で決められた時間に分けられた場が与えられるなかでその子に必要な学習をというのだが，その目的がほとんどの現場で対話されることがないようである。支援を必要とする子どもに，どんな力をどのようにどんな人から獲得するかを「場所」ではなく「人」で語らなければならないはずである。就学前に早期発見・早期治療として各行政が行っている発達検査の目的は，10年後の社会をともにつくり，ともに生きるための合理的配慮として行われているはずである。ところが，現実は合理的配慮が「合理的排除」につながっている子どもの困っている事実があることを真摯に問い直さなければならない。

インクルーシブ教育を語る声に，上半身と下半身のねじれを感じて否めない。子どもの事実から学び，子どもの事実に返る真のインクルーシブ教育を問い直すときがきている。

②子どもの事実から学び直しをしていく大人に

すべての人がともに生きる社会をつくるためには，すべての子どもがともに学び合う学校をつくることが必要不可欠である。

「障害」を理由に学びの場を分断される現状を，子どもはどう感じているのだろう。全国の先生方と学び合うなかで，「ふつう」の学級で学んでいる子どもは「特別」の教室で学んでいる子どもとのちがいを「対等と感じていますか／格下のちがいと感じていますか」と問うことがある。全国どの地域で質問しても 9 割以上の先生方が「格下のちがいと感じている」と答える。これが，今の子どもたちに失われている「学力」なのではないだろうか。この事実をほとんどの大人が感じていながら，学びの本質を問い直さなければ，また，取り返しのつかない過去の失敗を繰り返してしまう日本社会に甘んじることになってしまう。一例をあげれば，「やまゆり園」（2016 年）で起きてしまった事件を"一人の残忍な事件を起こした犯罪者を日本社会から排除した"だけで終わらせてはならないことは，すべての大人が感じていることである。

　先生である前に，〈自分は社会人か／社会人である前にひとりの大人か／大人である前に一人の人間か／「人」として子どもに向き合い学び合っている教員である自分がいるか〉について，常に職員室で自浄作用を高めていた。

　子どもは子どもである前に一人の人間である。一人の人間として目の前の子どもと対等にどう学び合えるか，この関係性をつくれなかったら学びの本質なんて生まれない。このことを肝に銘じて大人が問い直しをするときである。

　他者を批判している間は，弱者は守れない。すべての子どもは大人の前の弱者である。大人がほんの少し自分を変えるだけで，気づいたら子どもどうしは大きく変わる。

　「いつもいっしょが当たり前」なのである。「障害」のある子どもは「特別」の教室で学ぶという従前の学校の当たり前を「みんな」で問い直し，すべての子どもが「いつもいっしょが当たり前」の学校をつくることは，すべての人がともに生きる社会をつくることにつながるのである。

　教員の仕事は「子どもの事実」に始まり「子どもの事実」に返すことがすべてだということを肝に銘じ，自分の考えをもち行動する大人の「自分」であり続けてほしいと願う。

（1）一人の具体的な子どもの事実から始める

　以上の❶の木村の論考から，読者の皆さんは何を学ばれただろうか。筆者自身が改めて強く印象づけられたのは，「教員の仕事は『子どもの事実』に始まり『子どもの事実』に返すことがすべてだ」という木村の言葉に象徴される，具体的な一人の子どもの事実から公教育としての学校がどうあるべきかを徹底して考えていくことの重要性である。筆者は，2011年に大空小を初めて訪問し，そこで展開される教育実践に魅せられ，以来，年に3〜5回，大空小を訪問し，そこで学ばせてもらいながら，教育とは何かを考えるようになった。そのなかで強く印象づけられたのも，まさに，この点だった。

　大空小では，「障害」も個性と捉え，その日その日に最もしんどい子は異なることをふまえ，その最もしんどい子どもの学びをどう支えればよいのかを教職員や地域の大人たちで真剣に考える，そんな学校づくりを大切にしてきた。さらに興味深いのは，木村の思考は，自らの学校をどう運営すべきかにとどまらない。一方で具体的な子どもの学びを徹底して見つめながら，他方では，公教育とはどうあるべきかという抽象的な命題を検討している。あくまでも具体的な事実に根ざして抽象的な命題を問い直しながら，抽象的な命題の思索に基づいて，改めて現前の事実を意味づけ直そうとする点に木村たち大空小の教員の思考の特徴があるように思われる。そして，具体的な事実からの学びが公教育とはどうあるべきかについての新たな発見をもたらし，その新たな発見が，具体的な事実についての新たな意味づけを生む。ただしその意味づけは必ずしも子どもの事実からみえてくるものとどこかではズレてしまうから，そのズレをどう理解すればよいかをめぐって新たな学びが生まれ，それが公教育についてのイメージを修正させることになる。

　その際重要なのは，子どもをより深く理解することが，その子を特別にどう処遇するかと考えるのではなく（これは障害学では「個人主義」「医学モデル」などと呼ばれることもある），むしろ，その子が居やすい環境とはどのような環境なのかとか，その子の学びを保障できるのはどのような環境なのかと考えてい

くのが大空流だ（これは障害学では「社会モデル」と呼ばれることもある）。だからこそ，具体的な子どもを考えることが学校改革へと帰結するのだ。具体と抽象との間の思考の往復運動は常に止まることなく持続しており，この往復運動のなかに，学校の不断の改革が位置づくことになる。

　ゆえに，大空小では，これといった正解がない。正解がないからこそ，なるべく多くの大人たちで，さらには子どもたちも巻き込んで考えることが大切だ。つまり，学校の改革は常に教職員や地域の大人たち，さらには子どもたちの学びの過程のなかで継続されていく。大空小では，「学びを止めない」ことが「改革を止めない」ことへと自然とつながっていく。

（2）理念主導の教育改革

　ひるがえって，学校教育はしばしば理念に先導された改革を行ってきた。戦前であれば教育勅語，戦後であれば日本国憲法に規程された理念に基づき改革が行われた。日本国憲法は，国民主権に基づく人権としての教育を規程した点において，権利規定をもたなかった戦前と比較するならば，はるかに前進だった。ただし，教育の権利主体を「国民」と規定したことにより，在日中国朝鮮人などのオールドカマー，さらに近年ではブラジル日系二世などのニューカマーの子どもたちの教育権を十分に保障しえない弱さをもっていた。それに加えて，学校の改革において大きな問題となったのは，憲法26条が「教育を受ける権利」と規定されたことから，就学する権利自体は国民に広く意識されることになったものの，「受ける」という表現から，「教育」そのものの形態や内容・方法の決定について，子どもや保護者の参画を十分に保障しえない弱さをもっていた。結果として，戦後の教育改革に大きな力を発揮してきたのは財界だったことは広く知られている。

　さらに21世紀に入ってからは，地方分権，学校への権限移譲を理念に掲げつつ，目標や成果をあらかじめ管理する手法により，結果として学校の自主性を低下させる改革が続いている。2000年の学校教育法施行規則改正により，職員会議は「校長が主宰する」とされ，職員会議の合議制が崩された。さらに

2006 年から教員評価が，2007 年には学校評価が実施され，さらに同年，副校長・主幹教諭・指導教諭といった新たな職位の設置と不適切教員への指導改善研修の制度化が行われた。また 2006 年の改正教育基本法により文部科学省（以下，文科省）・地方公共団体は教育振興基本計画を立てることになった。これにより，政府によって文科省が，首長部局によって教育委員会が，教育改革の計画を立て，その成果を評価されるシステムができあがった。かくして，文科省の立てた教育改革の計画に基づいて地方公共団体が改革計画を立て，その改革計画に従って，各学校が校長のリーダーシップの下にさらに改革の計画を立てることとなった。その改革計画によって，教師は人事評価の対象となり，評価の対象となった教師たちは，自らの成果を上げるために子どもたちの評価を強化せざるを得ない構造の下におかれることになったのだ。

また，近年の教育改革では，規範意識の強化が一貫した課題となっている。とくに 1990 年代後半の少年事件や学級崩壊は子どもたちの規範意識の低下と見なされて，規範を強化するための改革が矢継ぎ早に行われてきた。1998 年には『心のノート』が文部省（当時）によって編纂され，1999 年には日の丸君が代を国旗国歌とする法律が成立し，入学式・卒業式などの式典で子どもたちに君が代斉唱を義務づけることとなった（教師たちにも君が代斉唱は強制され，内心の自由をめぐる裁判が起きている）。さらに 2006 年教育基本法改正では，第 2 条教育の目標で「豊かな情操と道徳心を培う」ことが規定され，第 6 条では「教育を受ける者が，学校生活を営む上で必要な規律を重んずる」ことが規定された。道徳心強化については，小学校 2018 年度，中学校 2019 年度からの道徳の教科化へと結実し，道徳についての文科省検定教科書が戦後はじめて出版されることになった。

規律強化については，その後，教育振興基本計画のなかに書き込まれ，学習規律として全国の小・中学校に浸透している。座り方，発言の仕方，机の中の整頓の仕方などを事細かに規定され，それを守ることが，規律のある教室として推奨されている。

（3）排除・周縁化される子どもたち

　このような改革の「成果」がいかなるものだったのかについて，ここではいじめの数や不登校の数がどのように変化したのかという点から検証しておこう。そもそも規範意識の強化は，いじめを減少させることを目的の1つとしたものであり，また不登校の増減の少なくとも一因は，規律ある学習環境を子どもたちが居心地悪いと感じるか居心地良いと感じるかにも由来していると思われるからである。

　すると驚くべきことに，いじめの認知件数は，文科省の統計データによれば，小学校で2013年度11万9000件から2018年度42万6000件（260％増）に，中学校では同期間に5万5000件から9万8000件（78％増）に増加している。不登校についても，2013～2018年度にかけて，小学生は2万4000人から4万5000人へ（88％増），中学生は9万5000人から約12万人（26％増）に激増している。自殺者は小学生ではそれほど変化がないが，中学生では2006年頃から増加が始まっており，学校から報告があり文科省が把握しているだけで2014年度54人から2018年度100人（85％増）へと増加した。厚生労働省の調査では，2017年に戦後初めて10代前半の死因の1位が自殺となった。

　さらに，木村が **1**（4）で指摘している，「発生・発達に障害があると言われた子ども」も全国的に急増している。すなわち，特別支援教育開始前年の2006～2017年までの11年間に，特別支援教育在籍児童は，小学校が2.1倍，中学校が1.8倍に在籍率が増加している。この11年間に，小学校でいうと毎年約8％ずつ，あたかも複利計算のように特別支援教育対象児童は増えつづけており，それは，障害者差別解消法が施行された2016～2017年にかけても変化がない。それどころか，同法の施行は，一部の県において合理的配慮の名の下における特別支援教育の一層の充実へと結果しているようで，たとえば沖縄県の小学校では，2016年度の1年間で在籍率が3.6％から4.2％へ（約17％の伸び）と急増している。背景には，一連の学校改革を指摘すべきだろう。

　まず指摘すべきは，2002年度から学習指導要領に示される学習内容が「標準」から「最低基準」へと変更されたことである。2001年度までは，学習指

導要領に規定された教育内容が標準的に理解されていれば問題なかったのに対して，2002年度からは示された教育内容を理解することが子どもの「最低」の到達目標となった。ゆえに，学習指導要領上からすれば，論理的には，「最低基準」に到達しえない子どもは特別支援教育（2006年度までは特殊教育）の学習指導要領に準拠した教育を受けるべき子どもと見なすべきだということになった。それに加えて，既述のように，学習規律によって子どもたちの学校生活は厳しく統制されることになった。統制に服すことのできない子どもは，発達に障害があるのではないかと「発達障害」を疑われ，医療につなげられる一方で，特別支援教育の対象と見なされていくことになる。皮肉な言い方をすれば，不登校や発達障害の子どもの増加によって教室の平穏は保たれることになっており，いじめや自殺の少なくとも一部は，かかる抑圧に耐えきれない子どもの悲鳴の表れと見なすことができるだろう。

（4）ポストコロナ時代の学校改革

2020年，世界を新型コロナウイルス COVID-19 が襲った。日本でも2月ごろから罹患者数がじわじわと増えはじめ，安倍首相（当時）は同年2月27日に突然，全国の小・中・高等学校，さらに特別支援学校に対して3月2日から春休み終了までの間の休校を「要請」した。その後，4月7日に政府が緊急事態宣言を発したことにより，休校措置は多くの地域で5月半ばまで，東京など一部都府県では6月初旬まで続けられた。コロナ禍による突然の休校措置は，目標設定型管理によって，常に目標を与えられ，マニュアルを遵守してその目標に到達することを求めてきた，この20年間の学校改革の弱さを余すところなく露呈した。突然の休校措置により，学校は，子どもたちの状況に即して，どのように学びをつくるべきかの思考を止めてしまったかのようだった。

技術的な状況としては，オンラインで双方的なやりとりを行うことが可能となっていた。しかしすべての家庭にパソコンがないこと，Wi-Fi などのオンラインの環境が不足していることなどを理由に，オンライン授業はまったくといっていいほど進まなかった。同年4月16日に文科省が行った調査では休校

している全国の公立小・中・高等学校・特別支援学校において双方向型の授業を行っているのはわずか5％にすぎなかった。同年5月22日に行われた文科省による「学校の情報環境整備に関する説明会」で文科省の担当者（銭谷初等中等教育局情報教育・高谷外国語教育課長）はICT化が進まない学校の現状を前に，地方教育委員会に対して，「今は前代未聞の非常時・緊急時なのに危機感ない」「ICT，オンライン学習は学びの保障に役立つのに取り組もうとしない」「現場の教職員がICTを使ってああいうことをやりたい，こういうことをやりたいということが，一律にできないから，ルールに沿っていないからということで否定されるという悲鳴が数限りなく寄せられている」といった趣旨の，かなり踏み込んだ形で，異例ともいえる苦言を呈した。

　しかし，このような現場の機能不全ともいえる事態を招いたのは，地方教育委員会の責任というよりも，2000年代以来の上述の政府発の学校改革の積み重ねの結果というべきであり，文科省は教育委員会を責める前に，自らの積年の施策をこそ反省すべきであった。とくに地方公共団体において，首長部局→教育委員会→学校長→教員という上意下達の指示命令系統の下で目標が与えられ，それに対する実施計画を主体的に作成させられて，その実現度合いを評価されるなかでの学校改革が，教師たちの自主性自体を日常的に損なっていった。さらに自己責任が強調されて，個別に「成績」が評価されるという改革手法の下で，教員どうしの連帯すら日常的に損なわれていった。そのような改革が20数年続いたあとに，今回の突然のコロナ禍だった。ゆえに，今回も教育委員会の目標設定なしには，学校や個別の教師は動けなかったし，個別の教師が動こうとしたときには，同僚・学校長・教育委員会など二重三重の壁を突破する必要に迫られることになった。結果として，オンラインに取り組めた小・中・高等学校は5％にすぎず，宿題を配布するだけで事態を静観せざるを得なくなり，保護者・地域住民には「学校・教師は何もしてくれない」という不信感が，教師には，「したいのに何もできない」という無力感と，自分の希望を阻む同僚や校長，教育委員会への不信感が渦巻くことになった。

　この原稿を執筆している2020年6月現在，COVID-19の第二波，第三波が

危惧されているし，COVID-19 が新型のウィルスである以上，今後もさまざまなウィルスが日本を，さらには世界を襲うことが危惧される。さらにいえば，今回のコロナ禍のような規模でなくても，現場では常に小さな突発的事態に見舞われている。それが学校の日常だ。そのような学校の日常に対応するためにも，「みんなの学校」型のボトムアップ型の学校改革の力を強くしていくことが今改めて求められている。

深い学びのための課題

1. 学校のなかで，子どもたちが個々のちがいを通して学びあうためには，教師としてどんな工夫がありうるだろうか。
2. 子どもたち一人ひとりが自分らしく学校に居る環境を保障するうえで，今の学校はどこに問題があるのだろうか。

引用・参考文献
木村泰子・小国喜弘（2019）『「みんなの学校」をつくるために―特別支援教育を問い直す』小学館

第7章

高校教育の地域主義的転回

1 垂直移動から水平移動への研究関心の移行

（1）研究関心の移行

　日本の教育社会学は，人々の水平方向の移動（地域移動）よりも垂直方向の移動（社会＝経済的地位達成）に関心を寄せてきた。

　垂直移動の研究では大学進学や威信の高い企業への就職および学歴主義や競争主義の仕組みを研究対象にしてきた。これらの研究関心の背景には，第1次産業から第2次産業，第2次産業から第3次産業への労働人口の移動をいかにして円滑に実現するか，近代化・産業化という社会変動に対して教育がどのように貢献できるかを検討するという問題意識があった。

　本章で焦点を当てる高校については，教育社会学は高校が卒業生の大都市での地位達成や自己実現を可能にする仕組みを中心に研究を行ってきた。その反面で卒業生が地域で生きるための能力の形成や若者の地元定着とUターン促進を研究対象にしない傾向があった。

（2）地方・地域コミュニティ・地方地域コミュニティ

　本章で用いる地方，地域コミュニティ，地方地域コミュニティの各概念についてふれておきたい。地域は重要な概念であるが混同して使われることがある。たとえば，高校魅力化の高校が生徒の全国募集を行うときに地域未来留学という用語を用いる。未来はなんとなくわかるとして地域は何を意味しているのだろうか。

　本章では，混乱を避けるために地域を2つの要素からなる概念として用いる。1つは，都市の対概念としての地方という要素である。地方は，田舎，郡部，

離島中山間地域などと呼ばれることもあり，自然が豊かなイメージや交通その他が不便なイメージを伴う概念である。都市と比べると，自然や人間関係が豊かで個人生活と家族生活のバランスを重視する傾向が強いので，教育と子育ての環境に恵まれている。また，地方の若者は高卒後の進学や就職でいったん他出して一定期間都市での勉学や就労の経験を積んだあとふるさとに戻ることが多く，都市に住み続ける都市育ちの若者よりも"異文化体験"が豊かな柔軟で適応力に富む若者である。

　もう1つは，地域コミュニティという要素である。地域コミュニティは地縁意識を共有するメンバーやメンバーが居住・就労する"土地"や組織のことである。社会関係資本の理論がいうところの信頼，互酬性，ネットワークでつながっている。メンバーどうしは外見や職位，役割でなく，共感的に互いを理解しあえる。都市部でも地域コミュニティがしっかりと存在するエリアがある。地域コミュニティには豊かな人間関係のイメージと封建的ないしは束縛的な人間関係のイメージが混在する。地方の地域コミュニティは人口密度が小さくても"人交"密度が大きい場合があり，都市では人口密度が大きくても"人交"密度が小さい場合がある。また，都市では信頼関係が弱く，それに代わるものとして契約関係が強い。いわゆる取引コストが高くなる傾向がある。これに対して，地域コミュニティが健全な場合は取引コストがかかる契約関係よりも信頼関係が関係の基盤となる。

　本章はこれ以降，地方，地域コミュニティ，そして両者が重なる部分を地方地域コミュニティと呼ぶことにする。ただし，引用文内での用語は引用元の使い方をそのまま用いている。

（3）国家の産業化・近代化に応えてきた高校教育

　用語の説明が終わったところで，産業化，近代化と教育の関係を概観しよう。日本では今，地方分散と産業の4次産業化（情報の生産・流通の産業化）が進み，高校の役割はそれらからの要請に同時に対応するように変化しつつある。

　日本社会は拡大と成長から定常型化へとステージを変えた（広井，2009・

2015)。また，大都市圏の2次産業や3次産業は，4次産業と比べると成長・拡大が鈍化している。地方では地方回帰，自立分散型社会，里山資本主義型経済，地域内循環型経済，多品種少量生産，6次産業（1次，2次，3次産業の融合）などの動向が顕在化した。

　社会の拡大・成長や人口の都市集中が長いあいだ続いたが，立ち止まると，都市は社会も産業も人も多くの課題をかかえている。都市の影響を受けて地方地域コミュニティは，増田（2014）が提起した少子化と地域コミュニティの消滅というやっかいな社会問題が広がっている。

　しかし，地方に対しては水平移動の光の側面への期待も高まっている。近年，地方では起業する（仕事を創出する）若者やUターン者や地域おこし協力隊の活躍が関心を集めるようになり，それらを促進するためのさまざまな施策が実施されている。高校魅力化を行う高校は4次産業セクターの労働力の育成と地元地域の産業と社会の課題解決に同時に貢献しようとしている。本章は，このあと，高校魅力化に焦点を当て高校教育の動向を考察する。

2 高校教育改革の2つの方向—普遍的教育の改善と地域主義的転回

（1）普通科高校の高校魅力化

　島根県の高校魅力化を例にすると，当初は部活動の振興，就職実績と大学進学実績の向上，地域の特色を生かした教育の実施が3本柱として設定されていた。その後，次第に地域学校協働型の地域の特色を生かした教育が重視されるようになった。背景には地域の特色を生かした教育が生徒の学びのわくわく感やトキメキ感を高めることに気づいたことや，卒業生の地元定着・Uターン促進の機運が高まったことがある。

　今日では地域学校協働型の地域の特色を生かした教育は高校魅力化を標榜する高校に共通の取り組みとなっている。2019年度から始まった文科省の「地域との協働による高等学校教育改革推進事業」では，3つの類型としてグローカル型，プロフェッショナル型とならび地域魅力化型が設定され，「地域課題の解決等を通じた学習を各教科・科目や学校設定科目等において体系的に実施

するためのカリキュラムを構築し，地域ならではの新しい価値を創造する人材を育成」するとされている（2019年度「地域との協働による高等学校教育改革推進事業」）。このように高校魅力化の高校は，学習効果と地元地域からの要請と文科省の動向を受けて，教育のあり方を問い直し教育の地域主義的転回を始めている。

（2）科学進歩と 4 次産業化への対応

　教育社会学の伝統的な研究枠組みでは，学校の主要機能は子どもの社会化と社会的配分である。社会化とは知識，技能，価値，規範，行動様式，思考枠組み，解釈枠組みなどの成人後に必要となることがらを身につけることをいう。学校での社会化は教科書に書いてあることだけでなく部活動，行事，友人関係など学校生活のさまざまな場面での体験を通して社会化される。これに対して社会的配分とは，個人の希望と社会化の様子をもとに，職業的配分や社会階層・社会的役割などの社会構造的配分をされることをいう。

　近年の高校は，4 次産業や Society5.0 に応える社会化と配分を行おうとしている。この教育の課題に対して，高校は 2 つの方向で変わろうとした。1 つは，近代化・産業化の新しい動向に合わせて普遍的教育や基礎的教育の改革を行うことである。その具体例がスーパーグローバルハイスクール（SGH）やスーパーサイエンスハイスクール（SSH）といったスーパーハイスクールの導入である。

　スーパーハイスクールが育てる人材はグローバル・リーダー，科学技術人材などであり，本章の文脈で捉え直すと多様化・高度化・専門化を特徴とする近代化と産業化の新しい段階に対応した人材である。

　スーパーグローバルハイスクールは 2014（平成 26）年度から実施され，2018 年度の指定までで終了した。指定期間は 5 年間，1 校当たり上限 1600 万円の支援が受けられた。「グローバル・リーダー育成に資する教育を通して，生徒の社会課題に対する関心と深い教養，コミュニケーション能力，問題解決力等の国際的素養を身に付け，もって，将来，国際的に活躍できるグローバ

ル・リーダーの育成を図ることを目的」（文科省ウェブサイト）とされ，グローバル・リーダー育成への関心が強いものであった。

スーパーサイエンスハイスクールは，2002（平成14）年度に構造改革特別要求として予算配分されて26校が指定されて始まった。「将来の国際的な科学技術関係人材を育成するため，先進的な理数教育を実施する高等学校等を『スーパーサイエンスハイスクール』として指定し，学習指導要領によらないカリキュラムの開発・実践や課題研究の推進，観察・実験等を通じた体験的・問題解決的な学習等を…支援」（文科省ウェブサイト）するとされている。2020年度は33校が指定されている。

スーパーハイスクールは2次産業や3次産業の時代の知識の詰め込みや画一的教育を乗り越え，生徒の将来の4次産業セクターでの生活とのレリバンスを高めることや，学力優秀な子どもの"ふきこぼし"が起きているという批判に応えることが使命であった。

（3）地域の動向に応える

高校教育のブレイクスルーのもう1つの方向は地域主義である。地方を中心に地域の産業や社会に貢献する人材の育成の取り組みが活発に行われるようになった。

高校と地域コミュニティはこれまでも手をたずさえることはあった。しかし，従来型の協力・連携は高校が地域コミュニティの力を借りる形（地域コミュニティに支援してもらう形）で手をたずさえていたのに対して，近年の協働では「地域とともにある学校づくり」と「学校を核とした地域づくり」を併せて実現しようとしている（School Home Community ウェブサイト）。今日では，地域コミュニティと高校の連携は高校の都合に合わせて地域コミュニティを利用するのではなく，互恵的で相互的な活性化のパートナー関係にならないと地域コミュニティ側が納得しない。

科学進歩および4次産業への人材供給と地域コミュニティとの連帯という2つの方向は前者が主として新しい産業に対応することをめざすものであるのに

対して，後者は主として産業と社会の地域主義に対応するものである。前者は
学校歴に基づいて若者を職業集団や社会集団に選抜配分するところから学歴主
義といわれる。後者は地域の社会関係資本の豊潤化と地域の持続可能性の拡大
をめざすものであり，本章では教育の地域主義と呼ぶ。

3 教育の地域主義的転回の前史

（1）産業と社会の地域主義の広がり

産業と社会の分野では，1970 年代末から地域主義が唱えられていた。環境
破壊や制御困難な巨大科学への懸念が背景にあった。その後，産業と社会のさ
まざまな分野で徐々に地域主義の視点からの改革が広まっていった。

振り返ると，日本は 1960 年代に高度経済成長を達成し東京オリンピックを
成功させた。しかし，やがて公害をはじめとしたさまざまな経済発展の歪みが
表面化し，1970 年の大阪万博では「調和」という言葉を加えて「人類の進歩
と調和」をテーマとしていたことによって象徴されるように，日本人の間で
徐々に成長・拡大の負の側面が意識されるようになった。同じ 1970 年には国
鉄（JR の前身）が日本人の心の原点を求めるディスカバー JAPAN のプロモー
ションを開始した。このようななか，経済学者の玉野井芳郎が地域主義を唱え
はじめたのは 1970 年代末（玉野井，1977）であった。玉野井は産業主義に代わ
るものとして地域主義を提唱した。余談だが，玉野井の地域主義では経済合理
性では説明できない人間の行動や人間の幸せが論じられるとともに産業による
自然環境への過度の負担が問題にされた。今日では，地方分散，脱巨大科学，
脱近代化，定常型社会化，持続可能化，SDGs などのさまざまな観点から地域
主義と地域主義的な幸せが取り上げられる。

（2）教育の地域主義の台頭と地域主義の学力

教育の産業主義ともいえる学歴主義では卒業生は産業化と近代化への貢献が
求められるのに対して，教育の地域主義では卒業生は地域コミュニティへの貢
献や地域コミュニティの社会関係資本蓄積に貢献することが求められる。学歴

主義の学校教育では基礎基本や普遍的学力，グローバルな学力が重視され，教育の地域主義では地域コミュニティの具体的な知識・技能や当事者意識，グローカルな学力が重視される。

　地域主義の高校は地域コミュニティのニーズを反映した教育を行っており，従来の教育の当たり前とは異なる当たり前が始まろうとしている。地域住民がコーディネーターの役割で授業に参加するほか，探究力の形成に力を注ぎ，当事者性・郷土愛などの態度的側面を育成し，社会関係（社会関係資本）形成と関連したコミュニケーション力を育成し，授業への地域素材の導入と地域研究の方法の取り入れるなどの教育の地域主義化が行われている。

　極論をするとこれまでの高校，とりわけ普通科高校では生徒に基礎的ないしは普遍的な教育内容を効率よく教えてセンター試験や大学受験で好成績をあげさせることを使命としてきた。これに対して高校魅力化という地域の特色を生かした教育を特徴とする高校教育改革が広がっている。今では 200 校以上の高校が魅力化を自称しているといわれる。文科省は，チーム学校，地域に開かれたカリキュラム，地域学校協働，地域コーディネーター制度などへの取り組みを推進してきた。最近では「地域学校協働」，環境教育，ESD など地域コミュニティを基盤とする高校教育改革に積極的になっている。高校魅力化の動向と文科省の動向は教育の地域主義的転回を示すものであり，産業と社会に遅れて始まった教育の地域主義の展開として位置づけられるものである，

（3）「幸せ」を計るモノサシを考える

　教育の地域主義では，「幸せ」や「郷土愛」の問い直しが行われる。しかし，研究の手続きとして「幸せ」などというものが指標となるのか，「幸せ」や「愛」は研究の対象にしてよいものなのかという疑問が起きるだろう。

　内閣府は 2017 年に画期的な取り組みを始めた。「経済財政運営と改革の基本方針 2017」（2017 年 6 月閣議決定）において，「従来の経済統計を補完し，人々の幸福感・効用など，社会のゆたかさや生活の質（QOL）を表す指標群（ダッシュボード）の作成に向け検討を行い，政策立案への活用を目指す」と決定し

た。翌年の「経済財政運営と改革の基本方針2018」(2018年6月閣議決定)では、「国民の満足度、生活の質が向上されるよう、満足度・生活の質を示す指標群を構築するとともに、各分野の重要業績評価指標(KPI)に関連する指標を盛り込む」ことにした。内閣府はさらに「幸せ」を政策運営に活かすため、「満足度・生活の質に関する指標群(ダッシュボード)」をつくる作業に着手し、2019(平成元)年には試案の作成に至っている(内閣府政策統括官　2019)。

　民間をみると、内閣府に先行して「幸せ」が人々の意識や行動に影響を与えることに関心を示し、2014年には『地域しあわせラボ』が「地域しあわせ風土調査」を行い、ブランド総合研究所が2006年以降「地域ブランド調査」を行っている。前者は、幸福度ランキングを後者は生活満足度ランキングをそれぞれ県別に発表している。このほか、教育の地域主義的転回にかかわる先行研究では幸せだけでなく郷土愛を質問紙調査で捉える試みが始まっており、一定の成果を上げている。本章は政府と民間の動向や先行研究に勇気づけられて「幸せ」や郷土愛を考察の対象とする。

4　教育の地域主義的転回と当たり前の変化
―当たり前が問い直され、当たり前に守られた学歴主義が変わる

　学校では多くのことが当たり前のこととみなされる。たとえば、私たちは疑うことなく、クラス全員で同じ時間に同じ教科書を使って勉強する。定期試験や期末試験でクラス全員が同じ時間に同じ問題を解いている。家ではちがう形、ちがうサイズの机と椅子を使うのに、教室内では同じ形、同じサイズの机と椅子を使っている。当たり前のように国語、算数(数学)、理科、社会がある。決められた登校時間に登校する。免許をもっている教員が教壇に立つ。給食の時間は立ち歩かない。勝手に授業を抜け出して部活動をしない。

　私たちは当たり前のようにこれらを行ったり行わなかったりしてきた。しかし、魅力化の高校は従来の当たり前をやめたり、新たな当たり前づくりのチャレンジを行っている。教育の地域主義的転回に伴い、これまでの学校教育の問い直しが行われている。

教育の地域主義的転回は根源的な改革であり，高校と地域コミュニティの双方向的な活性化のために地域学校協働型の地域の特色を生かした教育が行われる。すでに一部を紹介したがさらに紹介すると高校生の校外での学習活動が地域活性化の重要な要素と位置づけられたり，県立高校に市町村が人とお金の支援をしたり，北海道奥尻高校のように町立移管をしたり，町民のコーディネーターが職員室で教員と机を並べて進路会議にも出席したり，生徒が授業の一環で市町村の行事の企画・運営に参加したり，企業が高校生の企画した商品をこぞって販売したり，高校生と大学生が協働で探究学習活動を行ったり，教科の授業の素材として地域の文化・自然・産業を取り入れるようになったり，高校生と地域の大人が一緒に英語の勉強をしたりしている。

　このあと，魅力化の高校が何を考えて何をしているのかを検討する。

5 問い直し

（1）三兎を追う文科省の授業改革

文科省は以下のような表現で，社会に開かれた教育課程を唱えている。

> 　社会で生きていくために必要となる力を共通して身に付ける初等中等教育最後の教育機関として，社会で求められている資質・能力を全ての生徒に育み，生涯にわたって探究を深める未来の創り手として送り出していくことがこれまで以上に強く求められている。
>
> （新しい時代の高等学校教育の在り方ワーキンググループ，2020）

　日本の高校はこれまで授業内で受験学力と職業能力の2兎を追い，さらに3兎目として社会性や人間性を部活動や行事を中心に育成しようとしてきた。

　これに対して，新しい時代の高等学校教育の在り方ワーキンググループが提唱するのは，学力，職業能力，社会性・人間性を融合的に育てることである。

　高校魅力化の改革は3兎の融合を強調しており，生徒は地域の課題に取り組むことを通して知識や方法，社会性と人間性を学んでいる。

高校魅力化の学力が従来の常識と異なる点は地域課題解決型学習の導入であり，①生徒は課題を与えられるのではなく自分で課題を発見する，②答えは唯一解ではなく複数解である，③複数解に至る道は地域という制約と可能性の範囲内にある，④複数解のなかから最適解を選ぶ際には地域住民の幸せの考察が必要になる，⑤地域や実践という困難に向き合い，生徒の精神と方法に磨きをかける。

（2）教科書を学ぶことは学びの一部分

　地域コミュニティとともに学び取り組むことが特徴である新しい時代の高等学校教育の在り方ワーキンググループ（2020）は，前述の文言に続けて，社会に開かれた教育課程の方法を以下のように述べている。

> 　高等学校は…「社会に開かれた教育課程」を実現するとともに，各高等学校の特色化・魅力化をより推進するためには，…地域社会，企業，NPO及び高等教育機関をはじめとする社会との連携・協働を通じた教育をより一層実施していくことが期待されている

　ワーキンググループは，教師が教科書を教える教育を越えて，社会との連携・協働により教育の特色化を進めるよう求めている。

　また，「まち・ひと・しごと創生基本方針2019」は「地方にしごとをつくり安心して働けるようにする，これを支える人材を育て活かす」としたうえで，高等学校等における人材育成を提唱し，「高等学校が，市町村，高等教育機関，産業界等と協働してコンソーシアムを構築し，地域課題の解決等を通じた探究的な学びを実現する取組を推進し…」と述べている。

　地域コミュニティの人材から学ぶ方法として魅力化の高校では，教員免許状を有していない多くの人が生徒に教えており，教育の多様化や地域と学校の相互活性化に貢献している。

　文科省が1990年代にチーム学校を提唱した当初は授業以外の場面を中心に

学校外が学校内を支援することがイメージされていた。しかしその後，①より
よい学校づくりを通したよりよい社会づくり，②新しい社会の形成者として必
要とされる資質・能力の育成，③地域の人的・物的資源の活用の3つの観点か
ら，授業場面でのチーム学校が行われるようになった。

　地域協働学習実施支援員（高校魅力化では魅力化コーディネーター）の導入は
画期的な出来事であった。教員免許の有無は問わず，教員と協働して授業を企
画し運営する。職員室で教員と机を並べ校内の各種会議に出席する。魅力化
コーディネーターは教科の専門性は十分ではないかもしれないが，地域出身者
や地域活動の専門家であることが多く，数年で異動する教員よりも地元地域を
知り地域の特色を生かした教育にアドバンテージがある。

　地域の大人が校内に入り学校と協働するのと逆の方向で，教員も校外に出て
地域と協働する。安井（2017）は岐阜市内の小学校の事例を研究し，コミュニ
ティ・スクールを核とした「地域とともにある学校づくり」の発展段階を，①
学校が地域を資源として活用する「地域活用型」から，②学校が地域参加し相
互に信頼を構築していく「学校支援・地域参加型」を経て，③地域の課題意識
を学校と地域が共有し，学校を核とした地域づくりが進む「地域創造型」とい
う3段階に類型化した。これらの段階を経て，教師が地域の一員となり，地域
の大人が教師の一員となる。3段階目では互恵的でウィンウィンな関係となっ
ているのではないだろうか。

（3）郷土愛！　郷土愛？　郷土愛⁉
―当然視される郷土愛，小学校で進むふるさと学習
　地域主義の教育が浸透する今日，郷土愛はますます関心を集めている。郷土
愛は児童・生徒が今ここでの生活を大切にする原動力であり，肯定的自己評価
の源泉であり，将来の地元定住の誘因であり，そして，他出したとしても関係
人口として地元とつながり続ける絆である。高校魅力化では郷土愛の涵養が重
要業績評価指標（KPI）となる。しかし，郷土愛はともすると当然視されてし
まった結果，十分に問われたり，吟味されない傾向がある。

郷土愛を涵養する学習にふるさと学習（地域活動）がある。高校の郷土愛涵養の考察を進める前に，まず地域コミュニティを題材とした授業実践の蓄積が多い小学校のふるさと教育の取り組み事例をみることから始めよう。

　小学校のふるさと学習は，児童の地域コミュニティ活動への参加促進やふるさと愛の形成の効果があることが明らかにされている。安井（2019）が研究対象とした釧路のD小学校の「ふるさと学習」のねらいには，実践を通した多様な学びの機会，コミュニケーション力の向上，地域の大人から生き方を学ぶキャリア教育などが含まれている。安井は取り組みの結果，子どもたちの地域コミュニティ活動への参加が増加したことや，「ふるさと学習でふるさとを好きになったり自慢できることが増えたりした」という意識変化があったことを報告している。

　また，佐藤他（2020）は先行研究を収集・整理して安井と同じく，地域コミュニティで活動を行うことと地域コミュニティへの愛着を高めることの間に肯定的な関係があることを明らかにした。本章では佐藤他の整理した3つのタイプの地域コミュニティ活動を以下に紹介したい。

①「学習活動」…職業体験や町体験の授業を通じて児童の地域コミュニティへの肯定的な印象や地域コミュニティの人々との交流が生まれたり，地域コミュニティの自然環境やその多様性にふれることとなり地域コミュニティへの関心が高まることが明らかにされた。学習活動により地元への愛着をもつことによって，児童が将来地元に貢献する人材となる可能性が期待された。

②「まちづくりのための活動」…地域コミュニティ活動への参加が促進されたり，近隣の人とかわす挨拶や交流が地域コミュニティへの愛着の醸成に関係していることがわかった。地域コミュニティの大人が町内会など，地域コミュニティに協力しているという認知を通じて，日常生活での恩恵を感じ，次は自分が恩を返そうという向社会行動が期待された。

③「日常生活に関連した活動」…日常の買い物や移動途中の地域コミュニティ風土との接触が地域コミュニティ愛着（選好）を高め，地域コミュニ

ティ愛着（選好）により地域コミュニティ愛着（感情）・（持続願望）が高まることが明らかとなった。このことから期待される成果は，地域コミュニティ愛着が高い子どもほど，地域コミュニティへの活動に熱心で行政を信頼するという期待である。

　佐藤他の場合，地域コミュニティ愛を「選好」と「感情」と「持続願望」とに分けていること，活動が地域コミュニティを高めること，および活動を3つのタイプに分けていることが特徴的である。なお，松本他（2017）は地域コミュニティ活動の要素に焦点を当て，どの要素が定住志向を高めるかを考察した。石川県能登町の研究対象9校のうち，海洋教育を実施しているD小学校だけが「教育活動の中で自然とのふれあいを持つ機会が増えることが定住志向や地域コミュニティへの誇りを高めることに繋がる可能性がある」ことを発見した。山本・加納（2016）は地域コミュニティへの「愛着」を地域コミュニティへの「肯定的な印象」が高まった状態と定義し，「人とのかかわり」と「くり返しかかわること」が地域コミュニティへの「肯定的な印象」の形成に影響を与えていることを明らかにした。

　なお用語についてであるが，以上の研究は原文ではみな「地域」の用語を使っているが，本章では地方や地方地域コミュニティとの混同を避けるために「地域コミュニティ」を用いて検討した。

（4）原風景化する地域コミュニティ

　最後に学習活動の結果として形成される愛着とは異なり，認識や感覚の原風景として地方地域が子どもの潜在意識のなかに取り込まれていくことに着目した実践を紹介する。

　島根県吉賀町では，県立吉賀高等学校を巻き込んでサクラマスプロジェクトを行っている。吉賀高校は高校魅力化校の1つである。サクラマスは，ヤマメのうちいったん海に下り再び生まれた川に戻ってくる降海型のことであり，ヤマメとは比較にならないほど大きくてたくましい。サクラマスプロジェクトは，町外に進学や就職した若者がふるさとでの学びや体験をもとに都心で大きく育

ち，いつの日かふるさと吉賀町を支える人材としてUターンすることの促進を企図している。同プロジェクトの名付け親である吉中力（釣号は魚酔）は，吉賀町出身のデザイナーの森英恵氏とスカイツリーの設計を行った澄川喜一氏の少年時代にふれて，次のように述べている。

菜の花に舞うチョウや雪にしなる木々の枝。四季の彩りを映す高津川の清らかな流れ。サクセスの原点は，そんなふるさとの原風景であったのかもしれない。無限の可能性を秘めた子どもたちの未来。お祭りや神楽，地域に伝わる懐かしい行事や大人たちの元気な声。そんなふるさとのぬくもりを心の印画紙に刻んでおこう。一度は大海原でもまれてみるのもよい。都会での生活が貴重な体験となる日がきっと来るだろう。

豊かな自然の中で過ごした楽しい思い出は，Uターンを考える時の貴重な判断材料となるはず。そして，たくましく成長したサクラマスのごとく，ふるさとへ帰ってきてほしいと願っている。

(吉中力，2006,128-129頁)

サクラマスプロジェクトでは，町をあげて生徒の潜在意識に働きかけ，原風景としての郷土愛を育てている。

6 高校魅力化のこれから

以上，高校魅力化の取り組みに焦点を当て，教育の地域主義的転回を考察した。産業主義の教育である学歴主義が長く支配的であり，学歴主義のさまざまなことが当たり前のことになり，私たちはほかにも選択肢があることに気づかずに学歴主義の教育を行ってきた。いま，科学と産業の新しい状況に対応することで高校の使命を果たす方向がある。それと同時に地域コミュニティに目を向け地域コミュニティと学校が互恵的に協働して卒業生の地域コミュニティでの生活を準備しようという方向がある。本章は後者を教育の地域主義と呼び，地方の高校のあり方の1つと考えているが，都市部の地域コミュニティが健在

なエリアの高校でも今後，地域主義の教育が求められるものと思われる。また，地域主義の教育方法は生徒のわくわく感やトキメキ感，没入感，リアリティ感が強く，生徒の学び方や生き方の枠組みを成長させるものでもある。これらは創造性や独創性，当事者意識の育成につながることが期待される。全国の高校によって採用が考慮されるべきものであろう。

　最後になるが，高校魅力化で最も重要な特徴の１つは，従来の教育の目標や内容・方法は主として社会や産業が用意するのに対して，地域主義の教育ではいわゆるカリキュラムマネジメントが当たり前となり，目標や内容，方法は生徒と教師と地域コミュニティが協働で創り出すことである。高校魅力化の魅力と可能性はこの特徴により支えられているのではないか。

深い学びのための課題

1．文科省の提唱する「チーム学校」「地域学校協働」は，それぞれどのような背景から提唱されたのか調べてみよう。
2．高校魅力化に取り組む高校（または「地域みらい留学」参加校）がどのような教育改革を意図して何をしているか調べてみよう

引用・参考文献
魚酔（2016）『高津川不思議探検隊』文芸社
佐藤清湖・森田誠子・中野久美子・大森純子（2020）「『地域への愛着』に関する地域活動の文献検討」『東北大学医学部保健学科紀要』29（1），21-30頁
島根県教育委員会（2020）「令和２年度　ふるさと教育基本方針」
玉野井芳郎（1977）『地域分権の思想』東洋経済新報社
内閣府（2019）「『満足度・生活の質に関する調査』に関する第１次報告書」（令和元年５月24日）
内閣府（2019）「まち・ひと・しごと創生基本方針2019」（令和元年６月21日閣議決定）
内閣府政策統括官「『満足度・生活の質に関する調査』に関する第２次報告書〜満足度・生活の質を表す指標群（ダッシュボード）試案〜」（令和元年７月30日）
博報堂・慶應義塾大学システムデザイン・マネジメント研究科共同調査「地域しあわせ風土調査」（2014）地域しあわせラボ https://archive.issueplusdesign.jp/project/local-happiness/691
引地博之・青木俊明・大渕憲一（2009）「地域に対する愛着の形成機構―物理的環境と社会的環境の影響」『土木学会論文集D』65（2）：101-110頁
樋田大二郎・樋田有一郎（2018）『人口減少社会と高校魅力化プロジェクト―地域人材育成の教育社会学』明石書店

広井良典（2009）『コミュニティを問いなおす』筑摩書房

――（2015）『ポスト資本主義』岩波書店

ブランド総合研究所（2020）「地域ブランド調査」『都道府県「生活満足度」ランキング（2019 完全版）』ダイヤモンド社 https://diamond.jp/articles/-/228904

増田寛也（2014）『地方消滅―東京一極集中が招く人口急減』中央公論新社

松本京子・岳野公人・浦田慎・松原道男・加藤隆弘・鈴木信雄・早川和一（2017）「地域に根ざした学校教育活動が子どもの定住志向に与える影響に関する研究―石川県能登町における海洋教育の事例から」『環境教育』27（1），1_16-22 頁

文部科学省（2020）「地域社会や高等教育機関との協働による教育のあり方に関する具体的論点」新しい時代の高等学校教育の在り方ワーキンググループ（第6回）会議資料

文部科学省「School Home Community」https://manabi-mirai.mext.go.jp/

安井智恵（2017）「ミュニティ・スクールを核とした地域創造の可能性―子ども・大人・地域をつなぐ岐阜市のコミュニティ・スクールの展開」宮前耕史・平岡俊一・安井智恵・添田祥史編著『持続可能な地域づくりと学校』ぎょうせい，87-123 頁

――（2019）「コミュニティ・スクールにおける地域人材育成に関する一考察―「ふるさと学習」を通じた地域社会の一員としての子どもの育成事例から」『北海道教育大学大学院高度教職実践専攻研究紀要：教職大学院研究紀要』（9），109-119 頁

山本銀兵・加納誠司（2016）「『地域への愛着』形成過程に関する一考察―「町探検」の実践分析を通して」『愛知教育大学教職キャリアセンター紀要』（1），17-25 頁

吉中力（2006）『魚酔の詩』文芸社

第8章

非行少年の「セカンドチャンス」に寄り添う実践
—カリフォルニア・ティーンコートに関する観察調査を中心に—

1 「困難を有する若者」への教育支援

（1） 困難な現実から始める支援

"At risk students" というアメリカの青少年教育でよく使われる言葉がある。日本の「子ども・若者ビジョン」（2010 年 7 月策定，正式には子ども若者支援推進大綱）にならっていえば，「困難を有する若者」と訳せばよいのだろう。学校での教科学習や社会適応に問題をかかえ，進級や就学あるいは就労の危機にみまわれている若者たちをさす概念であり，教育行政上の用語でもある。

「困難」の内実は，仲間集団の影響で学習意欲がなく非行傾向をかかえる者，家庭が貧困で虐待された過去をかかえる者（「コア・ファミリー」の出生），あるいは幼少期から発達障害をかかえてきた者など多種多様である。いかなる事由にかかわらず，平常な学校生活に困難をきたす事実をかかえる者はすべて，"At risk" であり，個別支援の対象となっている。

そのため，支援の内容や担い手も若者の問題状況に応じて多様となる。たとえばカリフォルニア州の場合，教育委員会が行っている「オルタナティブ・プログラム」が低学力者向け補償教育の典型であるが，ほかに NPO や宗教団体などの連携協力によって，ティーンセンターやアダルトスクールなどさまざまな名称の場で GED（高卒認定資格）の学習をすることが可能である。つまり，居住地域や就労環境などによって，困難をかかえる若者自らやその家族がかれらに必要とされる教育プログラムを選択しうる。

非行少年の再犯率が高止まりしていると指摘され，2016 年には再犯防止推進法も成立した日本にも，このセカンドチャンスを可能にしようとする地域社会の取り組みは参考となる。以下で，非行の多発に悩み，さまざまな施策を試

129

みてきたアメリカの実践の一端をみて，日本における育て直しを考えよう。

（2）包括型ネットワーク支援のなかの更生

　若者の個別問題に応じた多様な支援の入り口があるシステムを「包括型ネットワーク支援」と呼ぶことができる。かつてイギリスのコネクションズに代表されたように，地域の相談活動や巡回指導などを通じて排除されやすい若者を受け止め，社会参加への道筋を模索していく伴走型支援である。

　ネットワーク支援のあり方は，非行少年に対する各種の更生のための教育とも連動している。学校あるいは警察で把握された非行の事実を起点として，その若者に必要とされるプログラムがさまざまな場で実践されることになる。具体的には，非行の内容やレベルに応じて，地域社会でのグループワークの実践やブートキャンプのトレーニング，ソーシャルワーク（社会貢献活動）への参加，トリートメントセンター（精神衛生の支援機関）での相談活動など，さまざまなプログラムへの参加が可能となっている。

　観察研究を紹介する「ティーンコート」も，これら教育支援の一環に位置づけられる。後述するように，軽度な非行をした困難を有する若者（マイナー・クライマー）を対象とした参加型の「教育プログラム」であり，しかも同時に「本当の裁判」でもある。そこでの目的は初発の非行を犯した者に，「セカンドチャンス」を与え，社会参加・自立を促進することなのである（図8.1）。

2 ティーンコート（少年法廷）の特質
（1）社会内処遇としてのティーンコート

　日本ではあまり知られていないが，アメリカの大部分の州が同世代の若者が非行少年を裁く「ティーンコート」（Teen Court：以下，TC）を開いている。

　この裁判は，法的拘束力（原則，判決は「軽度の有罪」となる）をもち，ここで課された処遇内容に従って，少年は社会奉仕活動や反省文の提出，各種セミナーの受講，当少年裁判の傍聴などを行うことになり，それらが達成されると非行歴が警察記録から完全に抹消されるシステムになっている。

該当の非行内容は，級友の iPod を盗んだとか友だちと飲酒をしたなど罪状が比較的軽く，初犯で十分な立ち直りの可能性がある事例に限定される。TC の「インテイク」すなわち非行事例の受領は，担当の専門コーディネーターの裁量によっている。かれらは，警察から送られてくる TC 相当の事例に目を通し，その非行経緯や少年のプロフィールなどから適切なケースを選択していく。

図 8.1　マッカラム・ティーンコート（カリフォルニア州オークランド）の PR パンフレット

　つまり，TC は法学用語でいえば，州法で規定された「ダイバージョン」（Diversion）すなわち刑事手続を回避して事件処理を行う保護処分（社会内処遇）の一種であるということができる。非行少年と保護者は，処罰は多少重くなるが履歴の消える TC を選ぶか，その反対となる一般の家庭裁判所を選ぶか，選択することができる。「司法的取引」でもある。

　同時に，社会的に不利な立場や環境におかれ非行へと導かれた少年に，非行歴を抹消することで累進的な三振法による厳しい刑を回避し，セカンドチャンスを与えるという「司法的救済」の制度でもある。

　TC は，1980 年代，少年犯罪に対する厳罰主義強化への反省から，更生につながる「教育的処遇」が求められたことに呼応してテキサス州で初めて試みられ，全米に広がった。アメリカ都市研究所のバッツ，J.A. ら（2002）による全米 TC 評価調査によれば，TC 参加者は非参加者に比べて，半年間の追跡調査で非行行為をする確率が有意に低く，非行抑止の効果が高かったとされている。実際，マッカラム TC での指導者への聞き取り調査によれば，1 年間に TC 参加者のほぼ 10％しか非行の再犯をしていないというデータもあるという。

（2）「自治的な能力」の育成と法関連教育

　TCの特徴の1つは，若者自らが裁判の運営全般にたずさわっていることである。検事，弁護士，書記，そして陪審員，ときには判事に至るまで，裁判で罰則を科された者（「義務遂行少年」と称す）や，法律家をめざすあるいは非行処遇の経験があるなど司法の現場学習を志す者（「ボランティア少年」と称す）が実際の役割を担い，裁判を実践している。

　数カ月に一度，専門の弁護士あるいは地域コーディネーターなどが参加するワークショップが開催され，裁判のプロセスや弁論の仕方などを実践的体験的に学習する。訴訟大国といわれるアメリカでは生徒の裁判への関心も高く，また高校の授業の単位となる場合も多いので，継続的に運営グループに登録・参加している者が多数いる。いわば法関連教育の一種といえる。

　ローカル・コーディネーター（教育委員会やNPOなどの嘱託職員）が裁判システム全体の管理を行い，裁判事例の選定や日程・会合の設定などは行うが，基本的に告訴や弁護のための証拠調べ，法廷での証人の選定，審問の内容など，裁判の中身自体は生徒自身が「自治的」に構成している。また，陪審員も各高校から選抜され，傍聴には義務遂行少年も参加して，裁判の現場を通して非行事実とその社会背景をプラグマティックに学習することが奨励される。

　ただし法廷では，宣誓によって，参加者に対し，裁判にかかわる人の固有名詞等情報についての守秘義務が厳しく課されていることも忘れてはならない。

（3）市民性の回復と「修復的司法」

　TCのもう1つの特徴は，「修復的司法」（Restorative Justice）の考え方が貫かれている点である。非行少年は，まずもって直接の被害者，さらに帰属するコミュニティ全体に対して謝罪と反省の意思を伝える「説明責任」を求められる。また，奉仕活動などにより再度「コミュニティに積極的に参与すること」を求められ，犯した罪による周囲からのラベリングではなく，更生への歩みを建設的に構築することが地域の治安上の要請からも重視される。さらに自己責任として，「社会性や判断力の発達」を促し市民性を回復することが求められ

る（図8.2）。

この理念の背後には，人種・移民問題をかかえ，犯罪者の再犯率が極度に高いといわれる犯罪社会の現実が横たわっており，仲間あるいはコミュニティのネットワーク力を活かして立ち直りを支援しようという実践的な対処方法が模索されている。実際筆者

図8.2　法廷に掲げられた「修復的司法」の概念図

の傍聴した多くの少年裁判の被告が，厳しい境遇におかれた移民子弟だったことは，偶然ではなかろう。

③ カリフォルニア・ティーンコートの実際

（1）観察調査を試みる

TC は，裁判と社会内処遇との相互補完的な実践であり，1990 年代末の日本の非行厳罰化論争時には，法・教育・福祉の各領域でわが国に紹介され，同時に制度導入の困難さも指摘されてきた（山口　1999）。

警察などでの育て直し支援が始まったとはいえ，軽度非行少年の社会参加への取り組みが依然乏しい日本では，TC に相当する活動はない。しいてあげれば，非行経験者とともにボランティアの若者が活動する BBS 運動（「メンター活動」）や家庭裁判所での調査官を通した非行少年の調査・教育活動などに類似した要素を見いだすことができる程度であろう。

だが TC 活動のすばらしい点は，①証拠や証言などに基づいて陪審員への心証を構築するという市民参加型の米国裁判の仕組みを，②非行経験少年とボランティア少年が一緒になって体験するという方法論自体にある。模擬裁判などとちがって，同世代の少年相互が行うプロジェクト型学習による「社会化効果」，言い換えれば非行への脱ラベリングの効果を重視している。

そのため，裁判そのものが不公平にならないように対象や処遇方法を厳格に統制し（たとえば，陪審員用に作成された処罰パターンのチェックリストがある），その限られた裁量範囲内で，正義を構築する現場，心証をめぐる交渉の現場としてのリアルな法廷体験をさせる仕掛けが用意されている。

　筆者は，2009年からの1年間，カリフォルニア州のサンタクルーズなどにおいて，少年法廷のディスコースを観察し，そのうえで少年向けのワークショップへの参加，参加少年やコーディネーターへの聞き取りなどを行った。許可を得て，ICレコーダーに録音させてもらうこともできた。

（2）ティーンコートと非行の学習

　法廷は，ボランティア少年はもとより被告の非行少年にとってさえ，「ハレ」の場である。なぜなら，事前の調査活動・聞き取り作業の集大成だからである。

TCにおける教育的処遇のステップ（マッカラムコートのPRから）

第1段階：プレヒヤリングの実施

　"At the pre-hearing, the program coordinator explains the youth court process to the parent or guardian and child."

　非行経験少年「僕は，ここに来るまで，若者が裁判をするということが理解できなかったよ。」

　非行経験少女「私の母親は本当に狂ってたの。私が嘘をついていると思って，怒ってばかり。ちゃんと，この裁判の意味を私が伝えなくちゃならなかったのよ。」

第2段階：コートナイトの展開

　"Each hearing is preceded over by a volunteer judge, who facilitates the process. Both the prosecution and dependence attorneys make their opening statements and then the offender takes the stand to offer his or her account of the incident."

　非行経験少年「たいていの子は裁判なんてジョブ（義務）に過ぎないと思ってるんだけど，一度ここに来たら，これは本物の法廷だとわかるんだ。」

　非行経験少女「弁護してくれる人がちょっとリラックスさせてくれて，事件について自分で思うほど，私は悪く見られていないとわかったの。」

第3段階：裁判で課された課題の達成

　"It is comprised of three mandatory components. It includes, jury service, attending workshops related to the offence and fulfilling a certain number of community service hours."

非行経験少年「TCについてわからないことがいっぱいで，質問したかったんだ。傍聴の義務で出廷してみて，いろいろわかるようになったんだよ。」

TCの事例が決まると，少年たちの裁判での役割分担や活動が話し合われ，罪状にかかわる証拠や証言を整理して公判のシナリオに擦り合わせていく段階へと進む。この段取りの最終局面に，処罰内容の決定を含む法廷（「コート・ナイト」）がある。非行少年はこの判決に基づいてペナルティーの活動を実践し，課題を達成して少年裁判を理解しつつ修了していく。

ある意味で，法廷は筋書きどおりに進行する。陪審員決定－検察・弁護陳述－証人喚問－被告質疑－陪審員評議（原則，非公開）－判決の順で，30分間程である。類似した非行内容の事件でも罰則は時々にかなり異なるが，弁護士役をしたある少年は「陪審員の判断は公平な評議の結果と信頼しています」と語っていた。同様に傍聴や陪審の少年たちも，裁判後に感想を聞くと，想定内なのか，罰則内容の軽重にさほど執着してはいなかった。

（3）ティーンコート進行の実例―コーディネーターの説明から

以下に実際のある法廷の一般的な進行を説明してみよう。

まず，コーディネーターの女性が，TCの目的を説明した。できるだけスピーチのままに内容を紹介しておく。

「少年（高校生）は，仲間同士の関係によって，社会生活のスタイルや市民としての能力が変わってしまいます。もし，罪を犯した生徒がいたとしたら，かれらを別のコミュニティのなかに入れて，違った状況を経験させ，異なった視点をもつように教育していく必要があります。そうすれば，もう一度，社会のなかで市民としての責任と義務を果たして生きていくことができるようになります。」

「修復的司法という原理があります。直接裁判の経験を通して，非行少年は，友だちからの誘惑や攻撃・暴力から自分のアイデンティティを守り，非行や反社会的行動を未然に防ぐようにする必要があります。正義の感覚を育

成することが必要なのです。」

　「これから行う裁判は，模擬裁判ではありません。本当の裁判です。今回は，飲酒をした生徒に対して，ボランティアである同じ高校生たちが，検事として尋問し，弁護士として反論し，最終的に，陪審員として法的に判断を下します。かれらも，この裁判を通して，仲間の問題を知り，正義の意味を理解することになるでしょう。」

　「傍聴する人たち（高校生で，とくに非行を犯した経験のある生徒が多数含まれている）は，静かに聞いてください。終わったら，傍聴した証明のカードにサインします。こちらに来てください。」

　つぎに，TC のルールを守りその趣旨を尊重することを，全員で宣誓した。コーディネーターから，12 名の陪審員の名前が呼ばれ，「入場している被告のことを知っている人は手をあげなさい」。被告はヒスパニック系の少年であった。陪審員はアジア系の生徒を含む多人種の構成であった。一人だけ，同じ学校内で被告を見たことがあるという少年がいたが，替わることはなかった。検事と弁護士役の生徒たちが紹介され，次いで，陪審員が，右手をあげ，公平な協議をすることを宣誓し，書類にサインをした。こうして裁判が始まった。

（4）少年検事と弁護人のやりとり，被告の語り

　検事による罪状の説明が行われた。被告は，約 2 カ月前に，州立公園で夜間にビールを飲んでいるところをレンジャーに見つかった。見つかったとき，かれはすぐにビールを捨てて車で逃げようとし，罪を隠そうとした。これまでも，仲間とほかの時間に飲酒をして，運転したことがあるという証言がある。飲酒の常習者であると思える。コミュニティセンターでの勤労奉仕のボランティアや反省文の提出によって，飲酒の習慣を改める必要があると指摘された。

　つぎに，弁護人の説明。この日は暑い日で，被告はいつもになく外で飲酒をしてしまった。友だちが誘ったので飲んでしまった。レンジャーを見て悪いことと思い，逃げてしまった。今後の生活を改善することを条件に，かれの未来の可能性を保障してほしいと釈明した。

さらに，証人の公園レンジャーが話した。少年はキャンプサイトに勝手に入って飲酒していた。過去にも，ここで物を盗んだことがあると話した。飲酒による運転の習慣が根強くあると可罰を主張した。ここで友だちの一人が証言を希望したが，却下されてしまった。

　最後に少年の母親が証言した。かれが本来素直でいい少年であること，そして，今回の事件を深く反省していること，さらに，家でももっと厳しくしつけるつもりであることを切々と証言した。心を揺るがす，涙ながらの訴えだった。

　最後に，被告の証言が求められた。注意されたことで，現在たいへん反省している。10歳の頃から飲酒を始めて家で飲んでいたが，13歳のときには初めてバーで飲酒した。この2カ月間は一切飲酒していない。母親の厳しい監視も受けている。自分の責任も痛感しているし，たいへん反省している。今後は，大学に行きたいし，もっと働いて車を買いたいから努力すると話した。

　これに対して，陪審員から「いま毎日何をしているのか」という質問が出た。被告は，罰を受けて疲れている。反省して日々勉強していると答えた。

（5）陪審員の協議と判決

　ここで陪審員が協議のために退席した。この間に，男性の裁判官（この回は，専門の裁判官）が，一般的な非行に対する懲罰について説明した。勤労奉仕活動の期間や，反省文の内容や長さ，学校への出席の停止期間などが，どのような罪の内容に応じて，どのように変わるかを説明した。「判例」をわかりやすく紹介してくれた。傍聴席の少年や親たちからも質問が出た。勤労奉仕のやり方や反省文の中身などについての具体的な質問であった。

　陪審員が戻ってきて，判決の文章を読み上げた。飲酒常習者であり，厳しい処分が必要であるという内容であった。コミュニティサービスでの奉仕活動を2週間と反省文，1週間の課題に基づく自宅学習が課された。裁判官から被告に対して，今後の生活の改善に期待する旨の発言があった。

　これで裁判は終了となったが，親たちやレンジャーなど地域の関係者がかなり長い時間，最近の高校生の問題について話し合いをしていた。非行を予防す

る活動について今後地域社会で話し合うとのことだった。

　このように観察記録を振り返ってみると、裁判はリアルな裁判過程の再現であると同時に、裁判の過程を通して非行の意味を学習する貴重な機会ともなっていることがわかる。いいかえれば、非行経験を理解するための「ストーリーラインが埋め込まれた実践」として、TC のコート・ナイトはあるといえた。

4　ティーンコートのためのワークショップに関する調査

（1）ワークショップによる非行事実の学習

　だが従来の TC 研究では、コートがそこに参加する生徒たちの事前・事後の法廷に関する学習によって支えられていることはほとんど紹介されていない。とくに、「ワークショップ」と称される実践的な裁判にかかわるロールプレイ学習は重要な位置を占めている。この点を再び観察調査から振り返っておこう。

　事前に行われたワークショップでは、実際の TC で扱われた無免許運転などの非行事例が個人名などを隠して使用されていた。

　参加した専門家の弁護士は、資料や証言の提示の仕方によって陪審員の判決は変化するので、「戦略的な弁論」が必要と繰り返し説いていた。裁判の想定質問に関するマニュアルが配布され、情報や証拠の収集法について検察・弁護の両陣営に分かれてディスカッションし、また弁論のロールプレイも行われた。ここでも罪状の評価・心証が、法廷の質疑を通して構築されることが強調された。

　ここでは少年が、裁判を単なる道徳的な罰則の手続きとみることをやめ、そのうえで、それを当該非行の事実や意味を確証するためのディベートの場とみて、実践的な判断能力や問題解決のスキルを獲得することが推奨されていた。

　では、具体的なワークショップの進行やそのなかで、非行課題の捉え方をどのように理解されるかをみてみることにしよう。

（2）ティーンコートの進行事例—専門家・コーディネーターの解説

　まず、コーディネーターから TC への参加経験の確認がなされた。何人かが

新たに参加した生徒であるとわかったので，協力する弁護士が，連邦法とカリフォルニア州法，ほかの法律との関係をごく一般的に解説した。

　ボランティアの生徒から，大人の犯罪を裁く法廷の社会的影響と TC のそれとのちがいについて質問が出た。コーディネーターから「TC は，あくまでもポジティブな仲間関係の力を使って，青年を改善するシステムである」ということが説明された。仲間による矯正への圧力を，「ピア・プレッシャー」(Peer Pressure) という概念を使って解説し，仲間同士相互の力が生徒個々人を変えていくということが強調された。

　次いで，陪審員の重要性が話し合われた。TC での各高校からの陪審員の選択方法やその役割について説明があり，誰もがアメリカでは陪審員として協議する機会が起こりうるという話がなされた。バックヤードの陪審員による評議についても説明があった。日本では，裁判員制度が施行され時々に注目を集めているが，TC は裁判への市民参加の基本を高校生に教える生きた教材としても機能している。

　さらに最も重要な役割として，弁護人の立場が紹介された。裁判過程で非行事実の具体的な提示をする責任が重い役割であり，とりわけ開始時の陳述(「オープニングステートメント」)によって陪審員の印象が変化する様子が具体的に説明された。罪を犯していることは疑いない事実であるが，どのようにして非行に至ったのか，そうなる社会的家庭的背景は何かを説明することが重要であると，ボランティアの専門弁護士から指摘された。

　ここで具体的な非行事例採択時の資料(ブラックベルトが付されて匿名化されたインテーク時の資料)が配布され，ワークショップの討議用資料とされた。ここでは無免許運転で補導された生徒の事例が使われ，被告のプロフィール(将来の進路希望などまで詳細に記述されているもの)や，取り調べ時の調書の内容(事件の顛末が証言も含めて書かれているもの)などが含まれていた。

　これら資料をみながら，当該非行の問題性を把握する実践が行われた。専門家との質疑応答を交えながら，「修復的司法」の考え方に立って，少年の説明責任を明らかにしつつ，地域コミュニティにとってどのような非行の問題性を

把握する必要があるのかを互いに討議しあった。

　日本での家庭裁判所の非公開のやり方に比べて，きわめて非行事例の公開性が高く，少年裁判でも情報の透明性のうえに立ったトレーニングが行われている。臨床性や実践性の高さが印象に残った。

（3）聞き取りの技術のトレーニングと方法のマニュアル

　他方で，被告や証人に聞き取りをする技術も重要であると強調された。インタビューの基本的な項目設定や聞き方のテクニックを全体で考える時間もあった。具体的なインタビューのマニュアルが配布され，この資料を「必ず読んでから実践してみよう」という説明であった。質問への回答によって裁判の展開が変わること，また曖昧な質問では被告も答えにくいということが再三指摘された。

　加えて，非行事例が起きている地域社会の環境や友人ら人間関係の影響，かれらの非行行動と家庭での生育史との関係などにも目を向けるとよいインタビューができるという説明であった。事前の裁判への準備が，具体的な聞き取りの技術として理解できるようになっていた。

　裁判での被告や証人への質問は，陪審員の評決に直接影響を与える情報を提供すべきであるという指摘もなされた。生徒から「十分な情報が集められないときはどうしたらいいでしょうか」という質問が出た。弁護士からは「別な角度から質問して，2つのちがいを提示するといい」という提案があった。非行少年にかかわる直接的な質問やオープンエンドの質問を，証人にも問いかけてほしいというアドバイスだった。

　弁護士からは，双方のクライアントにとって「何が知りたいのか」をはっきりさせることが重要というサジェスチョンもあった。弁護側ならば，「どのような被告人だって，凶悪な殺人犯だって，自分の犯罪のストーリーはもっているものである（*Everybody has a story to tell.*）。悪いところではなく，良いところをみつけることはできる。それを引き出そう」という話があり，納得する生徒も多々あった。検事側でも，「かれは悪い奴だとか，酷いことをする（*He's a*

bad guy and He has done all of these terrible things!!!)」といった情緒的なステイト
メントは，陪審員に感情的な雰囲気を提示してしまうだけであり，気をつける
べきだと指摘されていた。裁判上のレトリックが重要なときも多いと指示され
た。

　このようなテクニカルな話のやりとりがあったあと，配布された資料で，弁
護する場合／検察として追求する場合のロールプレイをグループになってやっ
てみた。この場面では，弁護士が各グループのなかに入って，具体的な事例に
ついての弁論の方法を教えていった。

（4）「社会的スキル」育成の強調

　裁判におけるインタビューを具体的に体感するという点で，抽象的でない市
民性の育成をこの実践が試みていることが理解でき，同時にさまざまな社会経
験や学力の生徒に裁判の仕組みをリアルに教えることの方法論としてのむずか
しさも読み取ることができた。全体に 2 時間ほどのワークショップであった。
いろいろな立場の生徒が参加するワークショップでは，コートに立てるように
必須なスキルを仲間どうしで学習することが最優先課題となっていた。

　あるコーディネーターは，こうした実践が「社会的スキル」を育成し，他者
とのコミュニケーションや他者への自己プレゼンテーションを可能にする社会
関係資本を提供するものになると述べ，非行少年の更生にとってこのスキル獲
得こそ有効であると指摘していた。

　冒頭に述べたように，マニュアルに応じたスキル化された学習の形態はさま
ざまな支援組織の教育活動や学校教育でもたびたび認められるものである。参
加する生徒にとってもなじみやすい慣れ親しんだ方法論であるといえる。「ま
ず行動の原理から正義の理念へ」という TC の教育的処遇の方向づけは，アメ
リカ社会を貫くプラグマティズムの文化を背景としてみることができる。

　まとめていえば，裁判の実践を通した「社会的スキル学習の重視」は，TC
における修復的司法の目的意識と通じ合うものがある。

5 TC 義務遂行少年への聞き取り調査からみえるもの

（1）非行による義務遂行経験を有する少年への聞き取り

　TC プログラムの内実をみていくと，裁判のテクニックを中心とした学習が基本になっている一方で，実際の非行事例を理解しインタビューによって被告の少年や被害者あるいは関係者と接する経験が重視されていることもわかる。では，実際さまざまな立場の少年に TC での経験はどのような影響を与えているのだろうか。

　窃盗で被告となった経験がありながら，オークランドで現在 TC 活動のリーダーになっている若者に，参加の動機や経験の意味などについて聞いてみた。かれによれば，「更生義務」（TC 傍聴や奉仕活動などの処罰の活動をさす）で多様な人種の仲間と出会い，グループ活動のおもしろさや公正な非行審判への興味などを抱くようになったという。とりわけ，自分が授業のエスケープとみなされ理不尽に警察に補導された過去の体験から，被告になった非行少年の話を正確に聞き弁護することに意欲をもつようになった。実際の自己の経験が社会参加活動へのモチベーションになったと語られる貴重な聞き取りだった。

　かれのように同じ学校の友人が被告となって初めて TC に行き，この仕組みの重要性を知った者は多かった。また，TC に来て高校の枠を越えた多彩な友人相互の絆を感じ，スタッフとも話すようになったなど，公的な場でのコミュニケーション過程の有益さがほかの少年たちからも語られていた。地域コミュニティのなかで非行と身近に生きる少年たちにとって，「裁判」は生きた教材となっていた。

（2）非行と誤解されやすい環境を生きる少年たち

　義務遂行経験を有するある少年 P（アジア系とアフリカ系の移民子弟であり，マイノリティの生徒）への聞き取りをさらにみてみよう。下記のインタビューは，調査に同行した社会学専攻の大学生が行った英文トランスクリプトを日本語に訳したものである。スラングや若者言葉が交るインタビューであり，こうした手続きをとることで，正確な会話の理解を心がけた（なお，個人情報に配

慮して省略あるいは修正しているところがある）。

〈少年（19歳）へのインタビュー〉
調査者：TCへの参加の理由は何でしたか。
P：数年前に，非行を起してTCに参加しました。そこで，課されたペナル
ティーを2,3カ月で修了したところ，ケースマネージャーのほうが「TCに参
加してみないか」と勧めてくれました。実際にやってみると，いろいろな非
行の事例に出会い，非行少年の家族とも話す機会をえて充実した時間でした。
ほどなくリーダーに推薦され，数年後には，シニアとして管理的な立場を任
されました。そして，現在に至っています。
調査者：それはすごい。TCではどんな種類のトレーニングを経験したのですか。
P：いろいろなスタッフが私たちを教えてくれました。ただ1年ぐらいで優秀な
人も替わってしまうのですが…。かれらは，模擬裁判のビデオを見せてくれ
たり，非行少年の事例の話などをしてくれるので，問題を扱うときにたいへ
ん役に立ちます。もう，僕も数年シニアとしてやっていますが，学生のボラ
ンティアは長く活動を続けている人が多いです。仲間同士で教え合うので，
とてもいいトレーニングになります（コーディネーターによれば，ここの登
録スタッフ数は400名程という）。
調査者：いまはここでどんなことについて活動しているんですか。
P：非行のケースマネージメント，つまり選択された事例について役割分担して
裁判に進めること。同時に，新しいプログラムを開発しています。ワーク
ショップのやり方とか，インタビューやステートメントの書き方の方法とか
ですね。
調査者：裁判から学べることは何ですか。
P：最初は，「修復的司法」ということの意味も知りませんでした。ただ法廷で
罰を受けるということだけしか。でも，ケースを知っていくとますます，「差
別観」（"divergent" と表現）ということがわかってきたと思います。私は，
まだ14歳ぐらいの頃，警察に時々に補導されたことがありました。学校がま
だ始まっていないので，街を歩いていただけで疑われたのです。理由もなく，
事務所に連れていかれたんです。
調査者：そういうケースを目にすることって，多いんですか。
P：ええ。だから，私にとっては，TCというのはちょっと違う意味があったん
だと思うのです。「ちゃんとした」（"definitely" と表現）裁判システムがある
ことが，地域のみんなにとって大切だと思っているんです。でも，高校に入
りたてのフレッシュマンの頃では，自分のようにわからないことも多々ある
から，いやなことにも出会ってしまう。裁判を通して，利害の葛藤や現実の
歪みを考えることが必要なんです。
調査者：たいへんな事例もありますか。罰が厳しい事例とか。
P：「重罪になって動揺する人」（"wobbler felonies" と表現）いうのがいます。

武器や暴力を使ってしまうんです。ドラッグとかも。いまは大学でも僕は学んでいますから，かれらとコミュニケーションを取って一緒に考えることができます。もし，あなたがドラッグやお酒におぼれようとしたとき，引き留める人が必要でしょう。それと同じように，話しをすることで伝えることができるんです。いまでも，マイノリティの生徒がお店に信用されず疑われることは多いんです。信用されていないということを学んで，補導されることのないようにすることも必要なんです。

調査者：修復的司法についてどう思いますか。

Ｐ：地域社会との「修復」というのはどういうことなんでしょうか。ダウンタウンで，何の理由もなく補導されて学校に連れて行かれることは，「仕方ない」ということでしょうか。もしそうならば，おかしいですね。私の友人にもそういう経験をした人がたくさんいます。校内で盗みを疑われた人も。「正義」がどこにあるのかを皆で考えることが必要ではないでしょうか。

調査者：最後に，裁判の守秘義務は守られていると思いますか。

Ｐ：完全に秘密を守るのはむずかしいでしょうね。非行の事例の中身を話すのは仕方ないとしても，非行を犯したのは誰かについて話すかことに関しては秘密が守られていると思っています。誰（Who）を語らないことこそが最も大切ではないでしょうか。

（3）「構築される正義」の感覚を育む TC 実践

インタビューのなかで，かれは同じような非行の基準で地域社会が生徒たちをみていないことやマイノリティに対する厳しいサンクション（社会的制裁）あるいは疑いが消えていないことを強調していた。それゆえ，TC は，むしろ一義的な正義の意味を知ることではなく，正義の構築過程を学ぶトレーニングの場として重要だという。

すでにかれが大学生として犯罪学や法学などを学んでいるなかで，裁判の形式をスキルとして学ぶこと以上に，仲間同士の交流のなかから「法と正義の意味」を具体的に学び，非行によって差別されやすい地域社会にマイノリティの少年たちをつなぎとめる TC 実践の重要性が語られていたことは重要である。

繰り返していえば，「正義が裁判という社会活動を通して構築されていること」を，懐疑的にではなく実践的に学ぶことに TC の大きな教育的意義がある。そこには，単なる規範的な統制をすることではなく，葛藤を生身で経験するこ

とから社会的スキルを獲得することの必要性，すなわち弱者の立場からのエンパワーメントの方法論が語られていた。

6 日本における「セカンドチャンス」の実践との比較研究に向かって

　ある社会はその不足や欠点を，矯正や更生の教育課題に見いだすのかもしれない。格差による排除型社会の広がりが，アメリカ社会だけでなく日本にもみとめられている今日，こうした教育課題を検討する意義は一層大きくなっている。社会的自立の困難は，いうまでもなく非行少年だけの課題ではない。

　すでにみてきたように，個人主義とみえるアメリカ社会での，まずノウハウの習得から始める TC の「裁判スキル」学習による実践的で協働的な青年の社会化の試みがあった。ここには，現在日本でも採用されている SST などの心理技法（とりわけ，認知行動療法）にも通じるような，実際の事例を通して活動から学ぶ姿勢が共有されている。この活動には，葛藤と正義の構築過程という貴重な認識獲得の可能性が見いだせたのであり，「司法的救済」の意味は法の倫理をこえて現実場面でも一層深いものであると理解できた。

　ひるがえって，筆者がこれまで観察する機会を得てきた日本の少年院教育はどのように理解できるのか（古賀　2006, 2009, 2010）。一見閉じた場での統制的な集団主義とみえながら，そこには丁寧なケアリングによる主体形成の仕掛けが埋め込まれていたといえ，内在化した個別指導が実践されてきた（広田・古賀他　2009）。ここまでみたアメリカ社会の更生の方法論を支える文化的な基盤とはちがいがある（日本の少年院でのスキル学習の導入はアメリカの事例と同一のものとはいえない）。

　あるとき，カリフォルニア州立大学サンタクルーズ校の学生数名に対して，日本の女子少年院の YouTube 番組を数十分間視聴してもらったことがある。かれらはそのケアリングの丁寧さに驚き，「深い精神性」（かれらの言い方でいえば，禅のような内面統御）が大切にされている指導ではないかと評していた。そして，アメリカの少年院はもっと厳しい統制と管理があるとも語った。基本的に厳罰主義に立つ矯正教育の実態は，日本のそれとは異なっており，その意

味で，TC はそれまでにない非行への教育的な対処戦略を提起している。

　今回は，TC の実践的な特質を可能なかぎり具体的に提示することに力点を
おいた。矯正教育実践の比較文化的な研究の必要についても考えてみることが
できよう。とりわけ，裁判員裁判が始まり若者を含めた市民参加，それらの活
動による非行少年の育て直しが現実的になってきた今の日本社会では，TC の
実践から学ぶべきことは多いといえる。

深い学びのための課題

1. 日本の少年院の矯正教育を YouTube などのドキュメンタリー番組を視聴して考
　えてみよう。育て直しに必要な実践とは何だろうか。
2. 保護司の協会や非行関連の NPO などによる非行少年の更生への取り組みをウェブ
　サイトなどから知り学習してみよう。きめ細かな実践はどのようなものか。同時に
　課題は何かを考えよう。

引用・参考文献
岡野八代（2003）『シティズンシップの政治学』白澤社
古賀正義（2006）「問題の個人化を越えて─教育困難校と刑務所での改善指導研究を通して考えるこ
　と」『刑政』
───（2009）「男子少年院における『成績評価』の役割と機能に関する質的調査研究」『中央大学・教
　育学論集』51
───（2010）「『困難を抱える青少年』の自立支援に関する比較文化研究に挑む」『子ども社会研究』
　16
───（2011）「非行少年の『セカンドチャンス』を構築する教育実践─カリフォルニア・ティーン
　コートに関する参与観察研究から」中央大学『教育学論集』第 53 集，25-54 頁
小玉重夫（1998）「学習過程の民主化と自治能力の養成─アメリカ合衆国における犯罪少年処遇の改
　革（ティーンコート）に着目して」『慶應義塾大学教職課程センター年報』9
広田照幸・古賀正義他（2009）「少年院における集団指導と個別指導の関係─フィールド調査を通し
　て」日本大学『教育学雑誌』44 号（文理学部紀要）15-32 頁
矢作由美子（2001）「カリフォルニア州アラメダ郡のティーンコート」『文教大学付属教育研究所紀
　要』10
山口直也（1999）『ティーンコート─少年が少年を立ち直らせる裁判』現代人文社
Butts, J.A. et al 2002 "The Impact of Teen Court on Young Offenders" Urban Institute

追記
本章は，古賀（2011）の論考に加筆・修正を加えたものであり，調査への協力に改めて謝意を表したい。

第 9 章

あらゆる人に学びの機会を
—教育機会確保法をめぐって—

1 教育機会確保法制定の経緯

（1） 2つの目的，2つの流れ

2016 年 12 月「義務教育の段階における普通教育に相当する教育の機会の確保等に関する法律」（以下，教育機会確保法）が制定された。この法律は国と地方公共団体に，①不登校で学校へ行けない子どもたちのため，フリースクールやホームスクールなど学校以外の場で行う多様な学習の支援，教育支援センターや不登校特例制度を使った学校の設置，不登校の子どもたちが安心して学べる学校環境の整備などを行うこと，②過去にさまざまな理由で学校に通えず，十分義務教育を受けることができなかった人たちのため，夜間中学など義務教育を学び直す機会を整備することを求める法律だ。

この法律が2つの目的をもっているのは，2つの異なる立法運動の流れが合流してできた法律だからだ。1つはフリースクールやオルタナティブ教育の関係者の運動，もう1つは夜間中学や自主夜間中学の関係者の運動である。

（2） フリースクールからの流れ

不登校（当時の呼び方は「登校拒否」）が社会問題となった 1980 年代から，不登校の子どもの居場所，学ぶ場所として各地にフリースクールがつくられはじめた。それらのネットワーク組織「フリースクール全国ネットワーク」（以下，フリネット）が発足したのは 2001 年 2 月だ。フリネットのなかに学校以外の多様な学びを保障する法律の制定をめざして「新法研究会」が発足したのが 2009 年 1 月。この「新法研究会」が母体となって「『（仮称）オルタナティブ教育法』を実現する会」が設立されたのが 2012 年 7 月。同年 10 月にはその名称

を「多様な学び保障法を実現する会」（以下，実現する会）と改称した。実現する会にはフリースクール関係者のみならず，シュタイナー教育，サドベリー教育，フレネ教育，ホームエデュケーションなどオルタナティブ教育の実践者や研究者が参加したが，それによってこの組織は，不登校を前提としない学習機会の選択を求める方向性を明確にもつことになった。その議論のなかから「子どもの多様な学びの機会を保障するための法律」の骨子案が作成された。

　フリネットや実現する会の働きかけの結果，衆参両議院の党派を超えた議員からなる「超党派フリースクール等議員連盟」（以下，フリースクール議連）が発足したのが 2014 年 6 月である。政府のなかにも動きが出た。2014 年 7 月の教育再生実行会議第 5 次提言は「国は，小学校及び中学校における不登校の児童生徒が学んでいるフリースクールや，国際化に対応した教育を行うインターナショナルスクールなどの学校外の教育機会の現状を踏まえ，その位置付けについて，就学義務や公費負担の在り方を含め検討する」と提言した。2014 年 11 月には，文科省主催の「フリースクール等フォーラム」が開催された。2015 年 1 月には，初等中等教育局に「フリースクール等に関する検討会議」が設置された。2015 年 1 月の通常国会冒頭の施政方針演説では安倍首相（当時）が，「フリースクール等での多様な学びを，国として支援して参ります」と発言した。

（3）夜間中学からの流れ

　夜間中学は 1947 年の新学制開始直後から存在した。主に経済的理由（中学生が働いて家計を支えていた）で中学に通えない生徒のために，学校現場や市町村教育委員会の発意により，「二部授業」の形で夜間に開設した学級である。文部省（当時）は当初から夜間中学には冷淡だった。1954 年には「全国夜間中学校研究会」（以下，全夜中研）が結成され，夜間中学の法制化を求める運動を行った。初期の生徒のほとんどは学齢生徒（「学齢」とは義務教育対象年齢のこと）で，ピーク時の生徒数は 5000 人を超え，学校数も 90 校ほどあった。

　経済成長と国民生活の安定に伴い，夜間中学で学ぶ学齢生徒は減っていき，

1960 年代半ばには学校数 20 校，生徒数は 500 人以下に落ち込んだ。1966 年には行政管理庁（当時）が文部省に対し夜間中学早期廃止勧告を出したが，関係者の反対運動もあり夜間中学は廃止されず，1970 年代には再び学校数，生徒数が伸びた。生徒は学齢を超過した者が中心になり，入学資格を学齢超過者に限ることが一般化した。識字学習から始める生徒も多かったが，1965 年の日韓基本条約，1972 年の日中共同宣言により，韓国・中国からの引き揚げ者とその家族が入学するようになると，日本語学習から始めることになった。1990 年代以降は新たに日本に渡ってきた外国人（新渡日外国人・ニューカマー）の入学が増えた。2020 年 4 月現在全国に 34 校の公立夜間中学が存在し，1800 人程度の生徒が在籍しているが，その約 7 割は新渡日外国人である。

　文科省は，学齢超過者は社会教育で学べばよいという考えで，夜間中学に対しては一貫して冷淡だったが，こうした国の姿勢に対抗するうえで大きな弾みとなったのは，全夜中研が 2003 年に日本弁護士連合会（日弁連）に対して行った人権救済申立である。これを受けて日弁連は 2006 年 8 月「学齢期に修学することのできなかった人々の教育を受ける権利の保障に関する意見書」を国に提出し，「義務教育未修了者は国に教育の場を要求する権利を有する」として，全国的な実態調査と夜間中学の設置に向けた取り組みを国に求めた。

　全夜中研では 2009 年 12 月の研究大会で法的整備の取り組みを進めることを決めて，国会議員への働きかけを強めた。2011 年には「義務教育に相当する学校教育等の環境の整備の推進による学習機会の充実に関する法律案」（義務教育等学習機会充実法案）を作成した。立法化運動が大きく前進する契機になったのは 2012 年 8 月の「超党派参加・国会院内の集い」だ。翌年 2013 年 8 月にも「超党派参加・国会院内シンポジウム」が開催され，「義務教育等学習機会充実に関する議員立法成立に向けたアピール」を採択した。2014 年 4 月には「夜間中学等義務教育拡充議員連盟」（夜中議連）が発足した。

　夜中議連の発足は文科省の夜間中学に対する姿勢を反転させた。2014 年 5 月には，下村博文文科大臣（当時）が「各都道府県に 1 校以上の夜間中学を設置する方針」を表明した。同年 7 月には教育再生実行会議が夜間中学の設置促

進を打ち出した。この年文科省は初めて夜間中学の実態調査を行った。

　2015年7月には，文科省が中学校形式卒業者の夜間中学への入学を容認する通知を発出した。長期欠席のため十分に学習しないまま卒業した「形式卒業者」に夜間中学の門を開けてほしいという長年の要望に応えたのだ。

（4）「馳試案」とその挫折

　2014年4月の夜中議連，同6月のフリースクール議連の発足は，新たな議員立法が現実化するスタートとなった。両議連の中心人物が同じ自民党の馳浩^{はせ}衆議院議員だったこともあって，ここで2つの流れが合流した。

　馳氏のもと文科省も加わって作成された「義務教育の段階における普通教育の多様な機会の確保に関する法律案」（以下，馳試案）は，2015年9月の両議連合同総会で配付された。この馳試案には，学校外での学習を就学義務の履行とみなす特例条項が含まれていた。具体的には，不登校の子どもの保護者が「個別学習計画」を作成し，市町村教育委員会の認定を得れば，その個別学習計画を実施することにより，学校教育法が定める就学義務を履行したものとみなすという内容だった。この条項は，1条学校（学校教育法第1条に規定される正規の学校。小学校，中学校，特別支援学校など）以外の場での学習を義務教育として認めるという画期的な内容だったのである。

　しかし，まさにそこに異論が集中した。「不登校を助長する」といった学校教育重視の立場からの異論だけでなく，逆に自由な教育への「認定」という教育委員会の関与を嫌う不登校関係者からの異論があった。「個別学習計画の認定を通じて教育委員会の直接の介入を許すことになり『家庭の学校化』の危険がある」「子どもが自分の意思でゆっくり休む権利が保障されず，何を学ぶかを自分で決める権利も保障されず，子どもを追い詰めることになる」といった反対論だ。また「個別学習計画に基づく学習は，公教育における機会均等を損ない，子どもの分離，差別，格差につながる」という反対論もあった。

　さらにオルタナティブな教育への法的根拠を求める立場からは，「対象が不登校の子どもに限られているため，すべての子どもが自由に学びを選択すると

いうオルタナティブ教育の趣旨から外れている」との批判も表明された。

　こうして，就学義務の特例条項については反対論，慎重論が相次いだため，馳氏を座長とする立法チームで法案の修正を行うことになった。

（5）「馳試案」の画期的意義

　憲法と教育基本法の義務教育の条項には「普通教育を受けさせる義務」が規定されているが，そこに「学校」という文言はない。学校以外の場で行われる普通教育の可能性を排除してはいないのだ。義務教育を学校に独占させているのは学校教育法である。学校教育法は，保護者に対し，子が6歳の4月から15歳の3月まで，その子を1条学校に就学させる義務を負わせている（就学義務）。就学義務違反に対しては罰則がある。このように義務教育を学校が独占する制度は，1941（昭和16）年に施行された国民学校令でつくられたものだ。

　国民学校令施行以前の教育令・小学校令においては，学校以外の場における義務教育の道が開かれていた。1879（明治12）年の教育令第17条は「学校ニ入ラスト雖モ別ニ普通教育ヲ受クルノ途アルモノハ就学ト做スヘシ」と規定し，明確に学校以外の場における普通教育の存在を認めていた。1890（明治23）年の第2次小学校令第22条は「家庭又ハ其他ニ於テ尋常小学校ノ教科ヲ修メシメントスルトキハ其市町村長ノ許可ヲ受クヘシ」と規定し，「家庭」または「其他」で小学校の教科を学修させることを認めていた。

　馳試案は対象を不登校児童・生徒に限っており，オルタナティブ教育を進める観点からは不十分なものだったが，それでも1941年以来続いてきた「学校が義務教育を独占する制度」を切り崩すという画期的な意味があったのである。

（6）「丹羽試案」から立法へ

　2015年10月の馳氏の文科大臣就任後立法チームを引き継いだ文科副大臣経験者の丹羽秀樹氏は，新たな座長試案（丹羽試案）を2016年3月の合同議連に提出した。丹羽試案は馳試案に比べ，次の点が大きく異なっていた。

　第一に，「個別学習計画」による学校外の学習を義務教育とみなすという就

学義務の特例に関する条項がすべて削除された。これはオルタナティブ教育を進めようとする立場からは決定的な後退であった。

　第二に，教育支援センターや不登校特例校（不登校児童・生徒のため学習指導要領に拠らない教育課程を編成する学校）についての条文が加えられた。

　第三に，基本理念の規定のなかに「全ての児童生徒が豊かな学校生活を送り，安心して教育を受けられるよう，学校における環境の確保が図られるようにすること」といった学校のあり方に関する内容が盛り込まれた。

　第四に，法律の名称が「義務教育の段階における普通教育に相当する教育の機会の確保等に関する法律」に変更され「多様な」という言葉が消えた。

　学校以外の場における学習についての規定は，国および地方公共団体が「不登校児童生徒が学校以外の場において行う多様で適切な学習活動の重要性」に鑑み「個々の不登校児童生徒の休養の必要性」をふまえて支援措置を講ずることを求める内容にとどまった。

　こうして丹羽試案では，多様な教育機会の保障という意味合いが後退し，不登校対策という意味合いが前面に出ることになったが，それでも，学校以外の場における学習活動に関しては反対論が残った。共産党，社民党などは夜間中学関係部分だけを切り離して成立を図るべきと主張したが，自民党，民進党（当時）は分離しない方針を維持したため，法案反対に回った。法案は 2016 年5 月に国会に提出され，12 月 14 日に成立，公布された。

2　教育機会確保法の内容

（1）目的と基本理念

　教育機会確保法は，それまでの義務教育制度の限界を打破する重要な契機を含む法律であるが，その内容は理念や方針，国・地方公共団体の概括的な義務や努力義務を規定するにとどまり，ある意味で未完成な法律だといえる。

　第 1 条（目的）は「この法律は，教育基本法及び児童の権利に関する条約等の教育に関する条約の趣旨にのっとり，…（略）…教育機会の確保等に関する施策を総合的に推進することを目的とする」と規定する。子どもの意見表明権

や休息する権利などを定める子どもの権利条約（児童の権利に関する条約）を明示したことが注目される。

第3条（基本理念）では，第2号で「不登校児童生徒が行う多様な学習活動の実情を踏まえ，個々の不登校児童生徒の状況に応じた必要な支援が行われるようにすること」と規定し，多様な学習活動を肯定的に捉える視点を打ち出している。第4号では「義務教育の段階における普通教育に相当する教育を十分に受けていない者の意思を十分に尊重しつつ，その年齢又は国籍その他の置かれている事情にかかわりなく，その能力に応じた教育を受ける機会が確保されるようにする」などと規定し，「年齢」と「国籍」を明示して教育の機会均等を宣言した。これは「義務教育は6歳から15歳までの日本国民のためのもの」という既存の観念から脱出しようとするものだ。学校教育法上子どもを就学させる義務は，子どもが6歳から15歳までの間の保護者の義務であり，その義務は日本国民の保護者にしか課されていないと解されている。その意味で，「義務教育」には年齢と国籍による制限がある。しかし，「普通教育を受ける権利」という人権に年齢や国籍による制限は存在しないのである。

第7条は，文科大臣に「教育機会の確保等に関する施策を総合的に推進するための基本的な指針」（以下，基本指針）の策定を義務づけている。

（2）不登校対策と学校外の学習

第8条から第13条までは不登校対策に関する条文である。

第8条は，すべての児童・生徒が安心して教育を受けられるよう学校の取り組みを支援することを求めている。第10条は，不登校児童・生徒のために学習指導要領に拠らない教育課程が編成できる特例制度を活用した学校（不登校特例校）の設置を促している。第11条は，不登校児童・生徒のための教育支援センターなどの公立の施設の整備・充実を求めている。

第13条は，「国及び地方公共団体は，不登校児童生徒が学校以外の場において行う多様で適切な学習活動の重要性に鑑み，個々の不登校児童生徒の休養の必要性を踏まえ，当該不登校児童生徒の状況に応じた学習活動が行われること

となるよう，当該不登校児童生徒及びその保護者に対する必要な情報の提供，助言その他の支援を行うために必要な措置を講ずるものとする」と規定している。「学校以外の場において行う多様で適切な学習活動」とは，不登校の子どもが自宅，教育支援センター，図書館，フリースクール，フリースペースなど学校以外の場で行う学習活動で，その子どもにとってふさわしい学習活動のことをいう。「休養」とは，文字どおり休むことだが，何が休養になるかは一人ひとりの子どもによって異なる。学校を休むことだけでなく，自宅での学習を休むことも「休養」に含まれる。

　この第13条は，「学校以外の場において行う学習活動の重要性」や不登校の子どもの「休養の必要性」を法律において初めて規定した点で重要な意味をもつ条項だ。とくに「休養の必要性」が規定されたことにより，不登校の子どもに対し，一律に学校に復帰させることのみを目標とはしないことが明らかになった。学校復帰なのか，休養なのか，学校外での学びなのか，子どもの状況に応じて支援することが重要だということだ。

（3）夜間中学などの拡充

　第14条と第15条は，もっぱら夜間中学等に関する規定である。

　第14条は，「地方公共団体は，学齢期を経過した者…略…であって学校における就学の機会が提供されなかったもののうちにその機会の提供を希望する者が多く存在することを踏まえ，夜間その他特別な時間において授業を行う学校における就学の機会の提供その他の必要な措置を講ずるものとする」と規定する。この規定の対象となるのは，①病気や経済的理由で学校に通えなかったり，就学猶予・免除の措置を受けたりしたために義務教育を修了できなかった人，②韓国・中国からの帰国者やその家族，③渡日外国人で海外で中学校レベルまでの十分な教育を受けていない人，④形式卒業者，⑤居所不明，無戸籍，転居・転校の繰り返しなどで未就学期間が生じた人などだ。

　「夜間その他特別な時間において授業を行う学校」とは，通常の授業時間とは異なる時間に授業を行う義務教育の学校のことで，従来の「夜間中学」の形

式に限られない。授業時間は「夜間」に限られず，学校種は「中学校」に限られない。「二部授業」の形式をとる必要もない。義務教育に相当する普通教育の学び直しをする学校なのだから，修業年限9年の独立した義務教育学校あるいは小中一貫校として開設することも可能だ。授業時間についても，学習者のニーズに最も適合した時間帯を考えればよい。

　「その他の必要な措置」としては夜間中学の生徒への経済的支援，教材の開発・提供などによる自主夜間中学への支援などさまざまなものが想定される。

　第15条は，夜間中学の設置などのため，都道府県知事，市町村長，教育委員会，民間団体などによる「協議会」を組織することができる旨規定する。

３ 法律制定後の進展―不登校とフリースクール

（１）基本指針

　教育機会確保法第7条に基づき文科省が「基本指針」を策定したのは2017年3月である。不登校に関しては以下のような事項が盛り込まれた。

> ・不登校児童生徒の支援に際しては「登校という結果のみを目標とするのではなく，児童生徒が自らの進路を主体的に捉えて，社会的に自立することを目指す必要がある」こと
> ・不登校特例校や教育支援センターの設置を促進すること
> ・「教育委員会・学校と多様な教育機会を提供している民間の団体とが連携し，相互に協力・補完」すること，特に「連携協議会の設置や公と民との連携による施設の設置・運営など」を推進すること
> ・「相互評価に関する調査研究」などで民間団体間の連携協力を後押しすること

（２）学校復帰第一主義からの決別

　この基本指針策定後の文科省や教育委員会の姿勢について，フリースクール

関係者を当惑させた問題は，不登校児童・生徒の支援に関して「学校復帰」を前提とする考え方が根強く残っていたことだ。

　法第13条の「休養の必要性」の文言や基本指針（2017年3月）の「登校という結果のみを目標とするのではなく」という記述により，「学校復帰」は不登校支援の前提ではなくなったはずだった。

　ところが2016年9月に文科省が出した通知では，「不登校児童生徒が学校外の公的機関や民間施設において，指導・助言等を受けている場合の指導要録上の出欠の取扱い」について，次のように示していた（下線は筆者）。

> 　「不登校児童生徒の中には，学校外の施設において相談・指導等を受け，学校復帰への懸命の努力を続けている者もおり，このような児童生徒の努力を学校として評価し支援するため，…略…一定の要件を満たす場合に，これら施設において相談・指導を受けた日数を指導要録上出席扱いとすることができることとする。」
>
> 　「不登校児童生徒が学校外の施設において相談・指導を受けるとき，…略…当該施設への通所又は入所が学校への復帰を前提とし，かつ，不登校児童生徒の自立を助けるうえで有効・適切であると判断される場合に，校長は指導要録上出席扱いとすることができる。」

　「学校復帰への懸命の努力」「学校への復帰を前提」という表現は1992年9月の「登校拒否問題への対応について」の通知以来踏襲されていた表現だった。2016年9月の通知は教育機会確保法成立前に出されたものであるから，従来の表現が踏襲されてしまったのは仕方がなかったともいえる。しかし，法成立後，基本指針策定後もこの通知は放置されていたのだ。

　フリネット，実現する会から「確保法・基本指針と，旧来の政策のもとで作成された文書に矛盾があり，混乱を起こしている。文科省が発出している文書の中の『学校復帰が前提，目的』などの文言を総チェックして，削除や変更をしてほしい」との要望を受けた文科省は，2019年10月に改めて「不登校児童

生徒への支援の在り方について」の通知を出した。

　この通知では 2016 年 9 月の通知の文言を以下のように修正した（下線は筆者）。

> 　「学校復帰への懸命の努力を続けている者」→「社会的な自立に向け懸命の努力を続けている者」
>
> 　「当該施設への通所又は入所が学校への復帰を前提とし，かつ，不登校児童生徒の自立を助けるうえで有効・適切であると判断される場合に」→「当該施設における相談・指導が不登校児童生徒の社会的な自立を目指すものであり，かつ，不登校児童生徒が現在において登校を希望しているか否かにかかわらず，不登校児童生徒が自ら登校を希望した際に，円滑な学校復帰が可能となるよう個別指導等の適切な支援を実施していると評価できる場合」

　学校への復帰を一概に否定しないよう苦心したあとがみられるが，支援の目的は社会的自立であり，学校復帰が前提ではないことは明確化された。

（3）ガイドライン，認定制度，公的助成，公設民営などの進展

　教育機会確保法の制定により，教育委員会がフリースクール等に関するガイドラインを作成するケースが増えた。これは，文科省が 1992 年通知以来累次発出した通知に添付してきた「民間施設についてのガイドライン（試案）」という文書がモデルになっている。

　横浜市教育委員会が 2019 年 10 月に定めたガイドラインでは，実施主体が不登校についての「深い理解と知識，経験」や「社会的信望」を有していることや「指導内容・方法，相談手法及び相談・指導の体制があらかじめ明示されて」いることなどの留意事項を示している。学校復帰を唯一の前提とはしておらず「民間教育施設における相談・指導が児童生徒の社会的自立を目指すものであり，かつ，不登校児童生徒が自ら登校を希望した際に，円滑な学校復帰が

可能となるよう適切な支援を実施していると判断される場合に，指導要録上出席扱いとすることができる」（下線は筆者）と示している。

　大分県教育委員会が 2018 年 5 月に定めた「大分県フリースクールガイドライン」（改訂版）は，「望ましいフリースクールの活動」として詳細な記述を設けている。たとえば「相談，指導内容が義務教育制度，学習指導要領を前提としている」「学習スペース，机や椅子，図書，学習教材，実験材料，タブレット等の機器を備えている」「運動ができるようなグラウンドや体育館等の施設を備えている」「自然観察や農業体験，調理体験，芸術活動等の様々な体験活動ができる環境を備えていること」「箱庭療法やアートセラピー等の心理療法を行うことができるような道具や教材を備えている」などの記述がある。

　一定の条件を満たしたフリースクール等の「認定制度」を設ける教育委員会も出てきた。たとえば，兵庫県尼崎市教育委員会は 2019 年度から，「出席扱い」の対象となる民間通所施設・民間支援事業を認定する制度をつくった。法人格があること，一定の資格などをもつ者を配置していることなどが要件で，認定は 3 年間有効とされる。

　フリースクール等への公的助成の事例としては，福岡県（2007 年度から），京都府（2008 年度から），札幌市（2012 年度から），鳥取県（2014 年度から）などの例がある。多くは，ガイドラインや認定制度と連動している。

　無料で利用できる公設民営フリースクールの皮切りともいうべき例が大阪府池田市の「スマイルファクトリー」だ。NPO 法人「トイボックス」が 2003 年に池田市からの委託を受けて始めた。神奈川県川崎市の「フリースペースえん」は，NPO 法人「フリースペースたまりば」が 2003 年に川崎市から委託を受けて始めた公設民営の施設。東京都世田谷区では 3 カ所の教育支援センター「ほっとスクール」のうち 2019 年 2 月 3 つ目に開設した「ほっとスクール希望丘」の運営を NPO 法人「東京シューレ」に委託している。

（4）フリースクール等の評価と質保証
　フリースクールは民間から始まったものであり，教育機会確保法で「不登校

児童生徒」が「多様で適切な学習活動」を行う「学校以外の場」として規定されるまで，何らの法律上の根拠もなかった。教育機会確保法ができた現在でも，法令上の許認可や認定・認証などの仕組みがあるわけではないので，どのような「場」を「フリースクール」と考えるかについて客観的な範囲はない。最近ではフリースクールに対する社会的認知が広がるなかで，広域通信制高校，学習塾，教育産業などの「異業種」から「新規参入」するケースも目立ってきた。「フリースクール」という言葉は誰でも使えるから，とんでもないものが混じってくる危険性がある。そういう「玉石混淆」のなかで，保護者が子どもに最も適した施設を選んだり，学校が「出席扱い」を認めたり，自治体が補助金を交付したりするためには，「まっとうな」フリースクールだという「質保証」が必要になる。質保証のためには「評価」の仕組みが必要になる。

　文科省委託研究の 2019 年度報告書「フリースクール等の支援の在り方に関する調査研究―自己評価と相互評価／第三者評価―」（代表・加瀬進）では，フリースクール等の評価の基本的視点として，①児童生徒の最善の利益を最優先に支援を行うことができているか，②個々の児童生徒の状況に応じた必要な支援が行われているか，③その支援には，児童生徒や保護者の意思が十分に反映されているか，④児童生徒が自らの進路を主体的に捉えることができているかの４点を掲げ，その根底に子どもの権利条約を据えている。具体的な方法としては，フリースクール等の代表者が子ども，スタッフ，保護者との協議をふまえて自己評価シート作成し，その自己評価に対してフリースクール等の当事者と学識経験者の第三者で構成する評価チームが相互評価と第三者評価の両方の性格をもつ評価を行う方法を提案している。

　この「相互評価／第三者評価」は，画一的な基準で各団体・スクール間の優劣や適格・不適格を判定・差別化するものではない。社会的認知に向けては，「相互評価／第三者評価を実施したという認定証／実施証明書の交付」を行う。また「その結果はダイレクトに公的助成の判断基準にはしない」が，「『評価』実施の有無を公的助成の判断基準の一つに据えることはできる」という考え方を示した。「評価機構」については，「大学コンソーシアム類型」「国主導類型」

「自治体主導類型」「学会類型」の4つの類型の可能性を示している。

　先に事例をみてきたように，フリースクール等の評価について現実に進んでいる取り組みは自治体主導類型である。「ガイドライン」や「認定制度」といった形をとり，経済支援・公費助成への適格性という効果をもつケースもある。こうした自治体主導の評価は，フリースクール等の社会的認知にはおおいに資するが，一方で前記の研究報告書が排除した「画一的な基準により各団体・スクール間の優劣を判定したり差別化したりするもの」「適格・不適格という評価」「ダイレクトな公的助成の判断基準」に該当し，フリースクールの自由や多様性を損なう危険がある。先にみた大分県の例のように「指導内容が学習指導要領を前提としていること」まで求めるのは，行き過ぎだろう。

　ガイドラインも認定制度も，当事者の十分な参画を得て定められ運用されるべきだ。フリースクール等の自由や多様性を確保しつつ，その社会的認知を高め公的支援を拡大していくためには，フリースクール等と教育委員会との間に真のパートナーシップを形成するためのねばり強い対話が必要だろう。

4　法律制定後の進展―夜間中学

　2017年3月の基本指針は，「夜間その他特別な時間において授業を行う学校」（夜間中学等）について「受け入れる生徒の拡大が図られるよう取り組む」とし，「全ての都道府県に少なくとも一つは夜間中学等が設置されるよう」にすると目標を定めた（2019年6月以降は「全ての都道府県及び政令指定都市に」と改めた）。2017年3月には義務教育費国庫負担法が改正され，都道府県が夜間中学等を設置する場合に国庫負担金が交付されることになった。

　夜間中学等の教育内容については，「個々の生徒のニーズを踏まえ，小学校段階の内容を含め生徒の年齢・経験等の実情に応じた教育課程の編成ができることを明確化する」とした基本指針に添って学校教育法施行規則が改正され，夜間中学等において「特別の教育課程」の編成（識字教育，日本語教育，小学校段階の教科指導など）ができることになった。しかしこれは，それまで「黙認」してきた実態を「公認」したものというべきである。

夜間中学の設置促進のため，文科省は「夜間中学の設置・充実に向けて」と題する「手引」を作成している。2018年7月に作成・配布した第2次改訂版は，制度改正，各種データ，各種事例などを詳細に記載し，地方公共団体が夜間中学の設置を検討するために必要な情報を網羅的に示している。

　2018年度まで全国の夜間中学の数は31校だった。すべて市区立で，8都府県25市区に存在した。その後2019年度から埼玉県川口市，千葉年松戸市（以上2019年度）に，2020年度から茨城県常総市に，新たな公立夜間中学が設置された。2020年4月の時点で具体的な設置の検討を行っているのは，徳島県（県立で2021年度），高知県（設置主体未定で2021年度），札幌市（2022年度），仙台市，相模原市，福岡県大牟田市（以上設置年度未定）の6自治体である。

5 教育機会確保法は学校に変革をもたらすか

　フリースクールやオルタナティブ教育の流れと夜間中学の流れとは源流が異なる。「学校」や「義務教育」についても抱くイメージがちがう。前者は自由で多様な学びを抑圧する存在とみる傾向があるが，後者はすべての人の学ぶ権利を保障する存在とみる傾向がある。そのちがいは，この法律の略称にも表れる。前者の人たちは「教育機会確保法」と略称するが，後者の人たちは「義務教育機会確保法」と略称することが多い。逆に前者の人たちが「義務教育機会確保法」ということはない。しかし，この2つの流れには合流する必然性がある。いずれも従来の義務教育制度からはみ出た人たちを受け止めているからだ。

　夜間中学は1条学校でありながらオルタナティブスクールでもある。夜間中学で学ぶ義務教育未修了者，形式卒業者，学齢を過ぎた外国人などは，いずれも現行の義務教育制度から弾き出された人たちだ。山田洋次監督『学校』（1993年）の登場人物に，夜間中学に転校する不登校の少女がいる。夜間中学で彼女は居場所を見つけ，自分自身を取り戻し，主体的な学びへ向かう。夜間中学は彼女にとって「別の選択肢（オルタナティブ）」になったのだ。

　いっぽう，オルタナティブスクールのなかにもすでに1条学校となっているものがあり，多様な学習機会は学校制度の内側と外側をまたぐ形で広がってい

る。不登校特例制度や公設民営フリースクールの進展は，学校制度を画一性から多様性へと変革していく手がかりになりうる。

しかし，日本の学校の現実は，そのような甘い期待を簡単には許さない。この20年ほどの間，日本の学校は再び画一性に戻っている。2007年から始まった全国学力テスト，2018年から始まった道徳の教科化，再び厳格化している校則，流行する「スタンダード」。このままでは，不登校の数はさらに増えるだろう。「学校からのエクソダス（大脱出）」と呼ぶべき事態になるかもしれない。

教育機会確保法は学校のあり方について，「全ての児童生徒が豊かな学校生活を送り，安心して教育を受けられるよう」にすること（第3条）や「児童生徒と教職員との信頼関係の構築」（第8条）を求めている。そのためには，一人ひとりの子どもの尊厳，自由，個性，主体的な学びを尊重し，子どもたちのなかの多様性を認めることが不可欠だろう。フリースクールも夜間中学も今の学校のあり方に変革を迫る存在だ。これらが教育機会確保法によって日本の教育法制度のなかに位置づけられた意味は大きい。

将来「馳試案」を復活させる立法やオルタナティブ教育を正面から認める立法が行われるかどうか。それは現在の学校の変革と相互補完の関係のなかで実現するのではないだろうか。

深い学びのための課題

1．文部科学省の不登校政策においてフリースクールの位置づけがどう変わってきたか調べてみよう。
2．夜間中学の歴史のなかで髙野雅夫という人物が果たした役割を調べてみよう。

引用・参考文献
フリースクール全国ネットワーク・多様な学び保障法を実現する会編（2017）『教育機会確保法の誕生』東京シューレ出版
大多和雅絵（2017）『戦後夜間中学校の歴史』六花出版

共生の教育とは何か

１ 社会の分断と共生の要請

（１）経済成長の終わりと社会の分断の顕在化

　かつて日本は，貧富の差の小さい，比較的まとまりが強い社会だといわれていた。1970 年代に「一億総中流」と表現されたように，総人口の大部分を占める人々が，人並みの暮らしをしていると感じられる社会であった。高度経済成長と呼ばれる好況期を経ることで国民の生活水準が全般的に向上し，「上流」に属しているとまではいわないにしても，少なくとも自分がいるのは「下流」ではないだろうと自認する空気が日本社会に浸透したからである。

　しかしそのような経済的発展を実感できる時期は限られている。日本の高度経済成長とは，第二次世界大戦の終結前後に生まれたベビーブーマーの世代が社会に参入することで生じた「人口ボーナス」の面も強いと，今日では指摘される（ピケティ　2014：99 頁）。ボーナス効果は一定の時期を過ぎれば消失し，定常化の時代となる。1990 年代以降，格差の存在がつとに指摘され，人々のあいだの生活経験の相違が著しくみえるようになったのは，相対的に多くの人々に実感されていた上昇移動の感覚が失われ，階層構造が明瞭にみえるようになったからである。

　以降，社会の分断という現象が語られ，危惧されるようになった[1]。それは経済的格差の話にとどまらない。社会がどのようにあり得るかについて，人々の志向性が大きく分かたれたといえよう。ナショナリズムやエスニシティ，ジェンダーやセクシュアリティ，障害と身体，そして世代についての，異なる考え方のせめぎあいが可視化されるようになった。次のような論点がすぐにもあげられるだろう。日本社会に暮らす外国人に地方参政権を与える必要がある

か，否か。男女の平等を社会のあらゆる面において進めていくべきか，否か。障害者と健常者を分かつ社会的バリアーを解消するのは社会の側の責任であるのではないか。世代間の利害の相違と対立をどのように調停していけるのか，等々である。

（2）共生を要請する社会

それゆえに，1990年代の日本社会では人と人との共生を要請する議論が盛んに行われるようになった。野口道彦（2003：22-24頁）によれば，タイトルや副題に「共生」を含む書籍は1980年代末に増加の兆しを見せはじめ，1990年代半ばに飛躍的に増加している。

共生という言葉は，そもそもは差別の克服のために人間の権利を擁護し，差異を社会に承認させていく主張を伴って用いられるものであった。「共に生きる教育」の運動は1970年代初頭に始まっており，そこでは障害のある子どもが通常学校に就学することが求められ，さらにそれを通して，管理主義と競争のなかで苦しむすべての子どもたちの抑圧からの解放もめざされた。環境問題や障害者解放，多文化主義，フェミニズムなどの領域で，人間の権利や社会的な多様性を主張していくために用いられるのが共生という言葉であった（野口 2003：19-21頁）。

それに対して1990年代半ば以降には，言葉の使用頻度が高まるのに伴って，意味内容が拡散していく。とりわけ行政がこの言葉を用いるようになったことで，権利の主張や多様性の要請よりも，むしろ社会の統合やまとまりを志向する意味を強くすることとなった。個々の生き方の権利と自由を主張するための言葉であると同時に，社会統合や社会的凝集性までを含意する言葉になってきたのである（岡本 2011：33-34頁）。

2001年には中央省庁の再編が行われ，新設された内閣府に男女共同参画局や共生社会政策担当の政策統括官が設置された。以後，内閣府は男女共同参画，高齢者問題や障害者問題，子ども・若者支援などの共生社会政策を司るようになり，そこに組織された「共生社会形成促進のための政策研究会」によって

2004 年に「共生社会に関する基礎調査」が実施されたように，各種の調査研究も進められるようになった。

② 共生を志向する学校教育

（1）「共に生きる力」

　分断の時代のなかで，共生を要請する社会的な力が学校教育の領域にどのように及んだのかを整理しよう。教育行政においては，1996 年 7 月の中央教育審議会（以下，中教審）答申「21 世紀を展望した我が国の教育の在り方について」において，「国際化が進展する中にあって，広い視野とともに，異文化に対する理解や，異なる文化を持つ人々と共に協調して生きていく態度などを育成することは，子供たちにとって極めて重要なことである」という文言が登場した。ここでは，グローバル化を前提にしたうえでの 21 世紀の学校教育のイメージが提示され，異文化とのかかわりの重要性が「共生」の文脈で検討されるようになった。

　以後，学校教育の領域では子どもたちに必要な豊かな人間性として，他者との共生や異質なものへの寛容といった要素があげられるようになった。やがて「他者」のさし示す内容は，外国・外国人にとどまらないものへと一般化した。自分とは異なる性の他者，自分とは異なる年齢層の他者，自分とは異なる身体の状態である他者―そのような自分と異なる属性や特徴をもった人々と，いかにともに生きていくかが教育課題になったのである。

　こうした状況認識は，2008・2009 年の学習指導要領の改訂の際に具体的に集約される。2008 年 1 月の中教審答申「幼稚園，小学校，中学校，高等学校及び特別支援学校の学習指導要領等の改善について」では，「子どもたちの現状を踏まえると，コミュニケーションや感性・情緒，知的活動の基盤である国語をはじめとした言語の能力の重視や体験活動の充実を図ることにより，子どもたちに，他者，社会，自然・環境とのかかわりの中で，これらと共に生きる自分への自信をもたせる必要がある」との現状認識が示された。

　このときの学習指導要領改訂では，「生きる力」の理念の明確化が 1 つの焦

点となっていた。当時この答申について説明されたところによれば（児島 2008），「生きる力」という理念の共有のためには以下の3点が必要とされた。①「社会的自立」の意味を込めてそれが説明されること。②「習得→活用→探究」する学力の構造と併存するものとして把握されること。③他者，社会，自然・環境とかかわるうえでの，「他者と共に生きる力」と「自分に対する自信」としてそれが育まれること。この第三の点において，「共に生きる」ことが重視されていることに注目できよう。「自己と他者との関係」「自己と自然などとの関係」「個人と社会との関係」という，共生を志向する際に必要となる構えが表現されたからである。

　このときの議論は，共生の社会的要請と学校教育とがそこで結びついたという意味で画期的であった。結果として2008・2009年の学習指導要領には，「共生」や「共に生きる」という言葉が数多くみられるようになった。共生社会を形成していく主体を育てるための資源が，学校教育の内容に段階的かつ教科横断的に埋め込まれたことになる[2]。また，2017・2018年に改訂された学習指導要領では同様の文言がさらに増加し，とりわけ高等学校公民科で多く言及されている。

（2）2010年代の学校教育の変容

　その後の日本の学校教育では，マイノリティの子どもたちに対する捉え方が改められてきた。ここでいうマイノリティとは，文化的あるいは身体的な特徴など，何らかの属性を理由にして否定的に差別化され，社会的に弱い立場に位置づけられる存在のことである。必ずしも数の少なさだけが根拠ではない。権威の面での弱さや，権利の面での不利によって相対的に劣位の地位に追いやられるのである。「外国にルーツをもつ子どもたち」は，日本国憲法や教育基本法で教育を受ける権利・義務が規定されているのは「日本国民」であるからという法解釈から，長らく公教育の対象として重視されてこなかったマイノリティである。また，「女の子だから」という理由で女性の進学を制限したり，進学先を限定したりする傾向の強い日本社会は，なおジェンダーの面での差別

が根強い社会だといえる。

　しかし社会の状況が移り変わるのにつれて，学校教育における方針も改められることになる。ここでは 2010 年代に進行した学校空間のあり方を見直していく作用を，障害者と性的マイノリティの処遇の面からみよう。

　障害のある子どもたちに関しては，2012 年 7 月に中教審の初等中等教育分科会において，「共生社会の形成に向けたインクルーシブ教育システム構築のための特別支援教育の推進」が提言された。この提言の要点は，インクルーシブ教育を，個別の教育的ニーズに対する「多様な学びの場」を提供するものとして性格づけしたことにある。引き続いて 2016 年 4 月に，日本では「障害を理由とする差別の解消の推進に関する法律（障害者差別解消法）」が全面施行された。この法律は第 1 条でその目的を定めており，「障害を理由とする差別の解消を推進し，もってすべての国民が，障害の有無によって分け隔てられることなく，相互に人格と個性を尊重し合いながら共生する社会の実現に資すること」が掲げられている。人々の社会生活が障害の有無によって隔てられてきたことが社会の問題と捉えられ，共生を志向すべきであることが法的根拠を得たのである。

　その実践のために必要とされるようになったのが，合理的配慮と基礎的環境整備である。これらは，「障害」の要因や原因は障害者の身体の側にあるのではなく，ある身体の状態では利用や参入を不可能にしてしまう社会的制度や慣習の側にあるのだと，理解することを前提にしている。そのような社会的障壁をいかに認識し，いかに取り除くかが，学校の具体的な場面に沿って問われるようになったのが，2010 年代である。

　また文科省は 2015 年 4 月に，「性同一性障害に係る児童生徒に対するきめ細かな対応の実施等について」を通知した。そこでは「教職員としては，悩みや不安を抱える児童生徒の良き理解者となるよう努めることは当然であり，このような悩みや不安を受け止めることの必要性は，性同一性障害に係る児童生徒だけでなく，『性的マイノリティ』とされる児童生徒全般に共通するものであること」と記され，性同一性障害についての理解と支援体制の構築を起点とし

つつ，性的マイノリティ全般に対する学校での適切な対応が呼びかけられている。教職員組織のあり方や学校の各場面を想定した相談・支援の形を具体的に提案するこの通知は，従来男女二元論を自明視し，男女の区別を社会的に持続させてきた学校教育のあり方に大きく見直しを迫るものだといえよう[3]。このこともまた，マイノリティへの抑圧を生む社会的障壁を除去するための2010年代における特筆すべき営みであった。

3 共生志向と学びの関係の実際

（1）「共生社会」という言葉を知るということ

以上のように，近年，学校が提供する活動や知識に共生を志向するものが多くなっているのは確かである。では，日本社会に生きる人々のなかで，この共生志向と学びの関係はどのようになっているのだろうか。何かを学び，知ることが，社会についての深い理解につながるものとなっているのかを検証しておくことは重要である。

筆者の研究室では，社会意識調査を通して，人々のなかにある共生への志向，その背景および，ほかの社会意識への影響を把握する作業を重ねている[4]。その際，学校教育経験や，外国人・障害者・高齢者との接触経験など，諸々の社会経験が共生志向のあり方にいかに寄与するのかを分析の焦点としている。ここでは2018年に行った調査の結果をもとに，「共生社会という言葉の認知」と「豊かさの社会的配分についての考え方」および「歴史用語についての知識」のかかわりをみたい。

まず，「あなたは，『共生社会』という言葉を聞いたことがありますか。また，その意味についてご存知ですか」という設問への回答からみてみよう。2010年，2014年の調査でも同じ問いを設けており，3つの調査時点での結果を並べて示すと，表10-1のようになる。「共生社会」という言葉を「聞いたこともあり，その意味も知っている」とした回答者の割合は10％台で推移しており，残りの回答者が「聞いたことはあるが，意味はよくわからない」と「聞いたことがない」の状態で二分されている。このように，「共生社会」という言

表 10-1 「共生社会」という言葉の認知 (%)

あなたは、「共生社会」という言葉を―	2010 年調査	2014 年調査	2018 年調査
聞いたこともあり，その意味も知っている	11.2	11.0	15.8
聞いたことはあるが，意味はよくわからない	46.6	40.8	42.8
聞いたことがない	42.3	48.2	41.5
回答者総数	2000	2000	2000

葉については人々の間にそもそもの認知のちがいが存在するのである。

　この「共生社会という言葉の認知」のちがいには，社会的背景が影響を与えていることがこれまでの調査分析からもわかっている（岡本　2012,2014,2020）。年齢が高いこと，学校教育経験が長いこと，外国人や障害者や高齢者との接触経験が多いことなどが，この言葉を「聞いたこともあり，その意味も知っている」状態をもたらす要因になっている。また，この言葉の「意味も知っている」とする人ほど，たとえば沖縄の文化の独自性についての理解も深いといったように，自らをとりまく社会を認識する視野を広く取っている。

（2）理想的な社会的配分についての考え方

　このことは，理想的な社会的配分のあり方についての考えにも表れる。ここで，「社会階層と社会移動全国調査（SSM 調査）」に倣った「どのような人が高い地位や経済的豊かさを得るのが良いか」についての回答結果をみたい。筆者らの調査で，「実績をあげた人ほど多く得るのが望ましい（＝実績原理）」「努力した人ほど多く得るのが望ましい（＝努力原理）」「必要としている人が必要なだけ得るのが望ましい（＝必要原理）」「誰でも同じように得るのが望ましい（＝平等原理）」の 4 つの選択肢から回答を求めたところ，結果は表 10－2 のようになった。

　まず回答者全体の合計の部分をみると，理想の配分原理としては「努力原理」，次いで「実績原理」が多くの人に支持されていることがわかる。これが日本社会の 1 つの特徴である。

　しかしながら「共生社会という言葉の認知」の群ごとの結果をみると，「聞

表 10-2 「共生社会」という言葉の認知と理想の配分原理との関連

最後に通った学校（中退を含む）	あなたは,「共生社会」という言葉を—	合計	どのような人が高い地位や経済的豊かさを得るのがよいか			
			実績原理	努力原理	必要原理	平等原理
回答者全体	聞いたこともあり，その意味も知っている	316	89	102	95	30
		100.0%	28.2%	32.3%	30.1%	9.5%
		調整済残差	1.6	- 1.9	3.1	- 3.1
	聞いたことはあるが，意味はよくわからない	855	205	346	191	113
		100.0%	24.0%	40.5%	22.3%	13.2%
		調整済残差	- 0.6	2.9	- 0.8	- 2.1
	聞いたことがない	829	200	290	178	161
		100.0%	24.1%	35.0%	21.5%	19.4%
		調整済残差	- 0.5	- 1.5	- 1.5	4.4
	合計	2000	494	738	464	304
		100.0%	24.7%	36.9%	23.2%	15.2%
高校	聞いたこともあり，その意味も知っている	46	6	17	15	8
		100.0%	13.0%	37.0%	32.6%	17.4%
		調整済残差	- 0.7	- 0.2	1.5	- 0.7
	聞いたことはあるが，意味はよくわからない	204	31	87	48	38
		100.0%	15.2%	42.6%	23.5%	18.6%
		調整済残差	- 0.8	1.6	0.1	- 1.3
	聞いたことがない	298	55	106	65	72
		100.0%	18.5%	35.6%	21.8%	24.2%
		調整済残差	1.1	- 1.4	- 0.9	1.6
	合計	548	92	210	128	118
		100.0%	16.8%	38.3%	23.4%	21.5%
4年制大学（学部）	聞いたこともあり，その意味も知っている	183	58	50	61	14
		100.0%	31.7%	27.3%	33.3%	7.7%
		調整済残差	0.4	- 2.1	3.2	- 1.8
	聞いたことはあるが，意味はよくわからない	382	114	141	89	38
		100.0%	29.8%	36.9%	23.3%	9.9%
		調整済残差	- 0.3	1.7	- 0.6	- 1.2
	聞いたことがない	274	83	93	54	44
		100.0%	30.3%	33.9%	19.7%	16.1%
		調整済残差	0.0	0.0	- 2.2	2.9
	合計	839	255	284	204	96
		100.0%	30.4%	33.8%	24.3%	11.4%

注：全体：$\chi^2(6) = 33.889$, $p < .001$；高校：$\chi^2(6) = 6.908$, $n.s.$；大学：$\chi^2(6) = 20.326$, $p < .01$

いたこともあり，その意味も知っている」とする群において，ほかの群よりも「必要原理」が選ばれていることがわかる（この表における「調整済残差」は，±1.96以上を示すときに，その部分に意味のある特徴があることを示している）。すなわち，「共生社会」を認知している人々においては，理想の配分原理として「必要原理」を支持する傾向が相対的に強い。この「必要原理」は井出ほか（2016：128-179頁）の議論においても，社会的分断を克服する財政戦略の基盤的原理として検討され，提唱されているものである。実際にこのように社会意識との合致がみられるのは興味深い。

　また表10‐2から，「最後に通った学校」が高校である群においてこの傾向が見いだされず，4年制大学である群にはみられることが理解できる。このことは，大学という段階に至る経験によって，共生社会という言葉の意味が社会的配分の原理まで含めたものとして理解される可能性を示唆している[5]。

　こうした知見を前提にすると，学校教育で共生を志向する知識が伝えられ，活動が展開されることは，社会についての認識の幅や深さにも寄与するものと推論することができる。ただしもう一歩踏みとどまって，こうした関連が言葉のうえだけで生じる現象だと想定すると，少し話が変わってくる。すなわち，単純に，ある言葉をよく知る者はほかの言葉もよく知っているものであり，そこには必ずしも理解や認識の深まりが関係するとは限らないと仮説を立てることもできる。

（3）歴史用語を「知る」ことの特徴

　そこで，「共生社会」という言葉の認知と，学習を通して得られる「知識」とが，どのようなかかわりを示すのかをみてみたい。ここでは歴史の知識を取り上げよう。とくに1990年代半ば以降の学校歴史教育では，近現代史，とりわけアジア史の充実が図られており，歴史の多面的な理解を可能にする知識が教科書にも導入されている（岡本　2001）。結果として，そうした歴史用語については若年層ほどよく認知している傾向をみることができる（長ほか　2019：61-64頁）。ここでは試みに「琉球処分」を取り上げて話を進めたいが，この歴

表10-3 学歴・世代別の「琉球処分」の認知 (%)

最後に通った学校（中退を含む）	世代	合計（人）	あなたは,「琉球処分」という歴史用語を—		
			聞いたこともあり, その意味も知っている	聞いたことはあるが, 意味はよくわからない	聞いたことがない
高校	20〜29歳	51	17.6 ＋＋	27.5 ＋	54.9 －－
	30〜39歳	91	5.5	15.4 －	79.1 ＋
	40〜49歳	129	3.9	16.3	79.8 ＋
	50〜59歳	129	3.9	24.0	72.1
	60〜69歳	148	6.8	22.3	70.9
	合計	548	6.2	20.6	73.2
4年制大学（学部）	20〜29歳	166	27.7 ＋	27.7	44.6 －－
	30〜39歳	172	22.7	21.5	55.8
	40〜49歳	179	16.8	22.9	60.3
	50〜59歳	141	17.0	23.4	59.6
	60〜69歳	181	13.8 －	26.0	60.2
	合計	839	19.5	24.3	56.1
回答者全体		2000	13.4	22.7	64.0

注：学歴ごとに，合計の回答割合に対して各世代群の回答割合が 10 ポイント以上大きい箇所に「＋＋」，5 ポイント以上大きい箇所に「＋」，10 ポイント以上小さい箇所に「－－」，5 ポイント以上小さい箇所に「－」を付している。

史用語の認知の状態を学歴と世代別に示すと，表10-3に示されるようになる。表の結果からは，若年層ほど「琉球処分」を「聞いたこともあり，その意味も知っている」とする割合が大きいことがわかるだろう。とりわけ大学進学経験者においては，その傾向が顕著に表れている。

　それでは，「琉球処分」の認知と，「共生社会」という言葉の認知との関連はどうだろうか。それを示したのが表10-4である。表は，「共生社会」という言葉を知る者ほど，「琉球処分」という歴史用語も知っているとする確率が高くなることを示している。ここから，「共生社会」を理解することは歴史的な事象についても幅広い認識枠組みをもつことにつながるのだと考えることができる。

　ではそのうえで，このように歴史用語を「知る」ことは，社会的な配分原理についての考え方にもかかわりを示すのだろうか。そのことを検討した結果が，

表 10- 4 「共生社会」と「琉球処分」との認知の関連

あなたは,「共生社会」という言葉を―	合計	あなたは,「琉球処分」という歴史用語を―		
		聞いたこともあり, その意味も知っている	聞いたことはあるが, 意味はよくわからない	聞いたことがない
聞いたこともあり, その意味も知っている	316	110	80	126
	100.0%	34.8%	25.3%	39.9%
	調整済残差	12.2	1.2	− 9.7
聞いたことはあるが, 意味はよくわからない	855	103	233	519
	100.0%	12.0%	27.3%	60.7%
	調整済残差	− 1.5	4.2	− 2.6
聞いたことがない	829	54	141	634
	100.0%	6.5%	17.0%	76.5%
	調整済残差	− 7.6	− 5.1	9.8
合計	2000	267	454	1279
	100.0%	13.4%	22.7%	64.0%

注：$\chi^2(4)=210.104$, $p<.001$

表 10 - 5 である。この表からはまず,「最後に通った学校」が高校である群においては,「琉球処分」の認知と理想の配分原理の選択に意味のある関連はみられないことがわかる。そして大学進学経験者のなかで,「琉球処分」の意味も知っているとする人々がより強い選択傾向を示すのは,「実績原理」であることがわかる。同様に,「聞いたことはあるが, 意味はよくわからない」とする人々が「努力原理」を相対的に強く支持し,「聞いたことがない」とする人々が「平等原理」を支持している。ここでは,「必要原理」との関連はみられないのである。

　すなわち, 歴史用語を「知る」ことが大学進学の経験によって高まるものの, それは共生社会の認知度が高い者において支持される社会的配分のあり方（＝「必要原理」）とは関連していないということになる。むしろ, 歴史用語を理解することが「実績原理」ないし「努力原理」といった日本社会で一般的に強く支持される原理への支持につながるのであれば, 歴史用語を「知る」ことは, 大学進学のための"手段"としての意味合いが強いという解釈をすることができる。知識を得ることと社会を深く捉え考えることとが同一の回路に結ばれて

表 10- 5　学歴別の「琉球処分」の認知と理想の配分原理との関連

最後に通った学校(中退を含む)	あなたは、「琉球処分」という歴史用語を—	合計	どのような人が高い地位や経済的豊かさを得るのがよいか			
			実績原理	努力原理	必要原理	平等原理
高校	聞いたこともあり，その意味も知っている	34	7	16	6	5
		100.0%	20.6%	47.1%	17.6%	14.7%
	調整済残差		0.61	1.08	− 0.81	− 1.00
	聞いたことはあるが，意味はよくわからない	113	16	44	30	23
		100.0%	14.2%	38.9%	26.5%	20.4%
	調整済残差		− 0.84	0.15	0.90	− 0.34
	聞いたことがない	401	69	150	92	90
		100.0%	17.2%	37.4%	22.9%	22.4%
	調整済残差		0.43	− 0.73	− 0.38	0.86
	合計	548	92	210	128	118
		100.0%	16.8%	38.3%	23.4%	21.5%
4年制大学(学部)	聞いたこともあり，その意味も知っている	164	62	46	44	12
		100.0%	37.8%	28.0%	26.8%	7.3%
	調整済残差		2.30	− 1.75	0.84	− 1.85
	聞いたことはあるが，意味はよくわからない	204	43	88	53	20
		100.0%	21.1%	43.1%	26.0%	9.8%
	調整済残差		− 3.32	3.22	0.64	− 0.84
	聞いたことがない	471	150	150	107	64
		100.0%	31.8%	31.8%	22.7%	13.6%
	調整済残差		1.04	− 1.39	− 1.22	2.21
	合計	839	255	284	204	96
		100.0%	30.4%	33.8%	24.3%	11.4%

注：高校：$\chi^2(6)=3.536$, *n.s.*：大学：$\chi^2(6)=22.469$, $p<.01$

いない可能性が指摘されるのである。

　ここまで述べてきたさまざまな要素の関連は，図10-1のようにイメージすることができるだろう。「共生社会」を認知することは，歴史の知識を知ることや，社会的配分の原理についての独特な考え方に結びつきうる。しかし歴史の知識を知ることは，必ずしも「必要原理」に基づいた配分原理の支持にはかかわらない。進学熱が決して低くはない日本社会の1つの特徴として，知識の習得がもちうるこのような側面には留意が必要だろう。

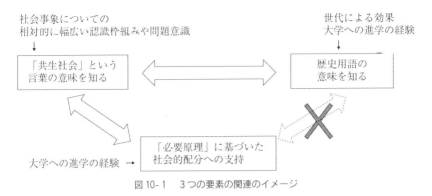

図10-1 　3つの要素の関連のイメージ

４ 社会的共生に向けた学校教育の課題

（1）学歴社会における知識の "所有" の問題

　前節で確認したのは，「共生社会」という言葉を知ることと，歴史用語を知ることとが，現在の日本社会では異なる意味をもって作用していることである。どちらも大学進学を経験した者において一定の意味を生んでいるが，社会的配分に関して前者は「必要原理」へ，後者は「実績原理」への支持を強めるように作用する。大学受験を通して習得が促されるのは歴史用語のほうであるが，それが「実績」重視で地位や豊かさの配分を行う社会を志向させる要素になっていることは，知識の意味を考えるうえで重要である。知識の中身よりも，それを "所有" すること自体に価値がおかれていることになるからである。このことは，試験がそれ自体として価値をもつ，学歴社会という社会のあり方と関連して見つめ直してみる必要がある。

　いわゆる学歴社会は，諸個人の教育達成の指標が，諸個人が獲得した知識や情報，資質や能力の内容以上に，過剰な社会的評価を受ける社会である。ある人が何を得意とし，どういうものを身につけてきたのかという内容よりも，その人がどのような学校の経路をたどってきたかが指標として過剰に機能する状態である。では，そのような事態はどこから生じたものなのか。

　社会学者のロナルド・ドーアは，学歴社会というものを，日本をはじめとす

る後発近代国家（遅れて近代化をスタートさせた国家）に特徴的な現象として論じた（ドーア　1978）。近代化が先行した地域，たとえばヨーロッパ社会では，新たな知識や技能を習得する場は学校の外側にむしろ存在した。学校は新規の知識や技術が体系化されたあとに，それを伝達する場であった。そのため学歴取得の制度化がそのまま学歴社会につながることはなかったとされる。ヨーロッパ社会では"近代は学校の外からやってきた"のである。

　いっぽう，後発近代国家においては，学校は近代の産物そのものであり，"学校から近代が発した"といえる。日本の場合，明治期に教育制度を先進国から輸入し，そこでの教育の内容が茫漠とした状態のままに，試験の制度を機能させた。何をどのように教えると，どんなことを身につけさせることになるのかが不明瞭なままに，まずは試験を行い，相対的な選別の結果を社会的地位に便宜的に重ね合わせたことで，試験が自己目的化されたのである。何かを将来的に達成できるだろうという熱心さの代理指標として，試験の結果やそれがもたらす学歴を採用することになった。このような現象は，遅れて近代化を開始した国々に共通にみられる「後発効果」といわれる。

　知識が含みもつ内容よりも，知識を"所有"すること自体に価値がおかれることの背景には，こうした社会の特徴が作用している。たとえば，受験の準備として言葉や用語を知ること自体が目的になるかぎりは，共生の理念やその内容をどれだけ学校教育が提供したとしても，社会のあり方についての深い思考へ至ることは見込めないだろう。共生のための教育が直面する障壁は今そのように存在し，第2節でみたように整備されてきた教育環境が社会的に意味あるものとして機能するうえでの，大きな課題となっているといえる。

（2）社会的カテゴリの存在に気づくこと

　教育の原理からすれば当然のことであるが，知識はただそれを"所有"するためにではなく，そこから深く物事を問うためにある。それは，学習指導要領にも多く取り入れられるようになった「共生」についての知識についても同様である。一例をあげて考えよう。現行の中学校・高等学校の学習指導要領では，

特別活動の学習内容として「男女相互の理解と協力」が掲げられるようになった。「男女相互について理解するとともに，共に協力し尊重し合い，充実した生活づくりに参画すること」が課題である。ここでの「男」「女」「相互」の「理解」には，共生という観点からどのような意味をもたせることができるだろうか。

　第1節では，1990年代に「共生」が行政用語になる過程でその意味が変質したことを指摘した。じつは，共生社会政策が形づくられるにあたっては，「男女平等」という表現が巧みに取り下げられ，代わりに「男女共同参画」という言葉が全面的に用いられるようになったという事情がある。この変化によって，「男」なるものや「女」なるものの存在やあり方は問い直されることなく，一般的に「男は男」「女は女」と観念されるところでの「男」「女」の「共同」がうたわれることになったのである。特別活動において「男女相互の理解と協力」を考える際にも，そのような素朴な理解を前提にしたままでよいのだろうか。

　「男」とは何か，「女」とは何をさすか。その意味内容はいつどんな社会においても変わらないものなのか。そもそも人間という存在は男女二元論で考えるべきものなのか。あるいはまた，「平等」や「共生」を考えるとき，人は「男」であるか「女」であるかを問われる必要があるのか。個々の人どうしとしての平等や共生を考える必要はないのか。さらには，男女の区別が本当に意味をもつ文脈と，そうではない文脈はどのように異なるのか——「男女相互の理解と協力」なるものは，こうした問いを向けることができる事柄だろう。とりわけ，第2節で言及したように，学校教育のなかでの性的マイノリティの存在を本当に真剣に考えるならば，「男」「女」というものにどのような意味をもたせるのかは，さらに繊細に吟味し理解される必要があるはずである。

　共生社会論では，「共生」を定義して，「『あるもの』と『異なるもの』の関係性を対象化し，両者を隔てる社会的カテゴリ（社会現象を整除する枠組み）それ自体を，いまあるものとは別なるものへと組み直す現象」とされる（岡本・丹治編　2016：12頁）。そうであるならば，そのような「共生」の論理を，第1

節で言及したナショナリティ，性別，障害，さらには世代や階層などについての認識の枠組みに実際に適用し，社会や人間について考えてみることが，「共生」についての教えと学びだということになるだろう。

「国民」と「外国人」，「男」と「女」，「障害者」と「健常者」。これらの社会的カテゴリはいったいどのような背景のもとに生じ，どのような社会的文脈において意味をもつようになったのだろうか。これらのカテゴリがもともとの文脈から離れて別の文脈にまでもち込まれたとき，どのような差別が生じることになるのだろうか。これらのカテゴリの意味内容を変更するには，あるいはまたそのカテゴリ自体を改変するには，どのような考え方が必要になるのだろうか。

共生の教育とは，こうしたことを考え，教え学ぶことに他ならないのである。

深い学びのための課題

1. 2012年7月の中央教育審議会初等中等教育分科会による提言「共生社会の形成に向けたインクルーシブ教育システム構築のための特別支援教育の推進」を調べ，その内容に引き付けてどのような「共生」のための教育活動が展開可能か，具体的に考えてみよう。自分の受け持ちの教科目のみならず，クロスカリキュラムによる指導や，学校段階を横断する取り組みの形についても考えてみよう。
2. 人間が学校で知識を修得するのは何のためであるのか，そもそもの意義をあらためて考えてみよう。知識を得ることで，試験で高得点を取ったり，受験で第一志望の学校に合格したりすることができるかもしれない。しかしそれがそもそもの学びの意義だろうか。社会や人間のことをより深く考え，理解するという，学びの本来のあり方について，自分自身の経験にも照らしながら具体的に考えてみよう。

注
1）たとえば斎藤（2006）は，1990年代以降の日本社会で市民層の分断が進行していることを，「監視」「エリート養成」「不寛容」「弱者バッシング」などの面から多角的に描いた。吉川（2009, 2018）による階層構造と学歴取得を結びつけた検討は，とくに大卒と非大卒との間の歴然とした分断線を明らかにした。それゆえに，井出ほか（2016）のような議論は，財政による社会の分断の克服を試みることとなった。また橋本（2020）は，「階級」を捉える観点から戦後日本の社会状況の総体を語り直している。
2）2008・2009年の時点で，「共生」の概念がどのようなものとして学習指導要領に取り上げられるようになったかは，岡本（2013：120-125頁）に詳述しているので，参照のこと。
3）とくにジェンダーとセクシュアリティに関して，学校という制度が従来人間をどのように分け隔

ててきたか，また，近年の方針の変化にはどのような意義があるのかについては，笹野（2018）に詳しいので，ぜひ参照のこと。
4）この共生社会意識調査はインターネットを利用したウェブ調査であり，全国の成人を対象として，調査専門会社に登録しているモニタより性別・年齢層・居住地域ごとに日本の総人口に比例した人口構成比で2000名を抽出し，回答を求める方法を採っている。同一の調査デザインで2010，2014，2018，2019年に実施されている。本章で結果の一部を提示している2018年調査の調査票の全体と単純集計結果は，筆者のウェブサイト（http://ubiquitous.image.coocan.jp/kyosei_surveydata2018.pdf）で公開している。
5）この節では「共生社会という言葉の理解」と「豊かさの社会的配分についての考え方」および「歴史用語についての知識」の関係を検討しているが，紙幅の関係もあり，分析データのすべてを提示することはできない。本節での知見の詳細は，長ほか（2019）で提示されているので，より具体的な内容を把握するためにもぜひ確認してほしい。

引用・参考文献

井出英策・古市将人・宮﨑雅人（2016）『分断社会を終わらせる―「だれもが受益者」という財政戦略』筑摩書房

岡本智周（2001）『国民史の変貌―日米歴史教科書とグローバル時代のナショナリズム』日本評論社

――（2011）「個人化社会で要請される〈共に生きる力〉」岡本智周・田中統治編著『共生と希望の教育学』筑波大学出版会，30-41頁

――（2012）「共生社会意識とナショナリズムの構造」早稲田社会学会編『社会学年誌』第53号，17-32頁

――（2013）『共生社会とナショナルヒストリー―歴史教科書の視点から』勁草書房

――（2014）「『共生社会』という言葉の認知について―調査の概要と分析の焦点」岡本智周・坂口真康編『共生社会に関する調査―2014年調査報告』筑波大学人間系研究戦略委員会，6-16頁

――（2020）「共生社会意識と教育に係る立場性の分析―「自由」と「管理」への志向性に着目した2018年調査データの検討」早稲田大学大学院文学研究科編『文学研究科紀要』第65輯，33-55頁

岡本智周・丹治恭子編（2016）『共生の社会学―ナショナリズム，ケア，世代，社会意識』太郎次郎社エディタス

吉川徹（2008）『学歴分断社会』筑摩書房

――（2018）『日本の分断―切り離される非大卒若者たち』光文社

児島邦弘（2008）「『生きる力』の理念の共有をどう考えるか」髙階玲治編著『ポイント解説　中教審「学習指導要領の改善」答申』教育開発研究所，23-25頁

斎藤貴男（2006）『分断される日本』角川書店

笹野悦子（2018）「ジェンダーと学校教育」飯田浩之・岡本智周編著『教育社会学』ミネルヴァ書房，93-104頁

長創一朗・岡本智周・青木結・小山田建太（2019）「共生社会・歴史認識・配分原理・社会的諦観に関わる社会意識の分析―学歴と年齢層の観点による2018年調査データの検討」筑波大学大学院人間総合科学研究科ヒューマン・ケア科学専攻共生教育学分野編『共生教育学研究』第6巻，61-76頁

ドーア，ロナルド／松居弘道訳（1978）『学歴社会―新しい文明病』岩波書店

野口道彦（2003）「都市共生社会学のすすめ」野口道彦・柏木宏編著『共生社会の創造をNPO』明石書店，17-45頁

橋本健二（2020）『〈格差〉と〈階級〉の戦後史』河出書房新社

ピケティ，トマ／山形浩生・守岡桜・森本正史訳（2014）『21世紀の資本』みすず書房

索　引

［編集代表］

山﨑 準二（やまざき じゅんじ） 学習院大学教授
高野 和子（たかの かずこ） 明治大学教授

［編著者］

油布 佐和子（ゆふ さわこ）
　早稲田大学教授
　東京大学大学院教育学研究科博士課程単位取得退学，福岡教育大学教育学部講師，同助教授・同教
　　授を経て現在に至る
　〈主要著書等〉
　著書『現代日本の教師―仕事と役割』NHK 出版
　　　　『教師の現在・教職の未来』教育出版
　論文「教師教育の高度化と専門職化」『学びの専門家としての教師』岩波書店
　　　　「教育労働者の労働問題」『日本労働年鑑　第 86 集』旬報社
　　　　「教員養成の現状と社会学の貢献可能性」『教師のメソドロジー』北樹出版
　　　　「教育＜労働＞の視点から見た教師の多忙化」『教職員の多忙化と教育行政』福村出版　など

未来の教育を創る教職教養指針　第 4 巻

教育と社会

2021 年 4 月 15 日　第 1 版第 1 刷発行

　　　　　　　　　　　　　　　　　　　編著　　油布 佐和子

発行者　田 中 千津子　　〒 153-0064　東京都目黒区下目黒 3 - 6 - 1
　　　　　　　　　　　　　電話　03（3715）1501 代
　　　　　　株式　　　　　FAX　03（3715）2012
発行所　会社 学 文 社　　https://www.gakubunsha.com

ISBN 978-4-7620-2837-3